Ein Papa ist keine Mama

Josephine Schwarz-Gerö

Ein Papa ist keine Mama

Was ein Baby von seinem Vater braucht

Patmos Verlag

VERLAGSGRUPPE PATMOS

PATMOS
ESCHBACH
GRÜNEWALD
THORBECKE
SCHWABEN
VER SACRUM

Die Verlagsgruppe
mit Sinn für das Leben

MIX
Paper from responsible sources
FSC® C139602
FSC www.fsc.org

Für die Verlagsgruppe Patmos ist Nachhaltigkeit ein wichtiger Maßstab ihres Handelns. Wir achten daher auf den Einsatz umweltschonender Ressourcen und Materialien.

Bibliografische Information der Deutschen Nationalbibliothek
Die Deutsche Nationalbibliothek verzeichnet diese Publikation in der Deutschen Nationalbibliografie; detaillierte bibliografische Daten sind im Internet über http://dnb.d-nb.de abrufbar.

ein Unternehmen der Verlagsgruppe Patmos
in der Schwabenverlag AG, Ostfildern
www.patmos.de

Umschlaggestaltung: Finken & Bumiller, Stuttgart
Umschlagabbildung: © shutterstock / Vladimir Badaev
Illustration: Gestaltung, Satz und Repro: Schwabenverlag AG, Ostfildern
Druck: LCL Drukarnia / Polen
Hergestellt in Deutschland
ISBN 978-3-8436-1092-6 (Print)
ISBN 978-3-8436-1110-7 (eBook)

Inhalt

Vorwort

»Ich höre das zum ersten Mal«, oder: »Das ist aber nicht allgemein bekannt?!« Viele Väter reagieren erstaunt, wenn man die Bedeutung und Rolle des Vaters einmal aus Sicht des Babys und der frühen Entwicklungspsychologie her betrachtet.

Was Fachleuten durchaus schon länger bekannt ist, scheint die betroffenen jungen Familien noch nicht wirklich erreicht zu haben. Es gibt ausreichend Bücher für Väter älterer Kinder. Versucht man aber, die dort gegebenen Empfehlungen von Beginn an anzuwenden, scheinen sie nicht wirklich zu passen. Die Anfangszeit folgt anderen Regeln. Hier werden die Weichen für die spätere Zeit erst gelegt.

Dieses Buch, das sich speziell mit der besonderen Lebensphase von 0–3 Jahren beschäftigt, war ursprünglich als Leitfaden nur für Väter gedacht. Während des Schreibens erging es mir aber zunehmend so, wie es eben auch Vätern ergeht: Man kann das Baby nicht ohne Mutter verstehen.

Insofern ist es auch ein Buch für Mütter geworden und letztendlich ein Buch über das Zusammenspiel der Kräfte beider Eltern, damit das magische Dreieck Vater – Mutter – Kind gelingt. Die hier enthaltenen Strategien und Tipps sind als Ergänzung zu verstehen – sie ersetzen nicht bisherige mütterliche Strategien und diesbezügliche detaillierte Ratgeber. Sie fügen nur jene Bereiche, bei denen es speziell auf den Vater ankommt, hinzu.

Auch bei der Strukturierung des Buches, nämlich bei Reihenfolge und Inhalt der einzelnen Kapitel, erging es mir ähnlich, wie es Familien in der Anfangszeit ergeht. Wie soll aus drei verschiedenen Teilen, dem Kind, der Mutter und dem Vater, ein Ganzes – nämlich eine Familie – werden? Wie die einzelnen Abschnitte aufbauen, wenn diese doch von Anfang an schon miteinander vernetzt sind und eines das andere laufend beeinflusst? Jeder Einzelne für sich hat seine eigenen Bedürfnisse und Spielregeln. Gleichzeitig wurzeln darin aber auch schon wieder jene der anderen. Der Aufbau dieses Buches folgt deshalb in vielen Bereichen dem natürlichen Prinzip des Wachstums.

Als Leiterin einer Säuglingspsychosomatik war ich jahrelang konfrontiert mit Belastungen, die Eltern und Kinder in den ersten drei Lebensjahren betreffen können. In vielen Fällen war das Miteinbeziehen des Vaters geradezu die Schlüssellösung solcher Probleme. Dabei ging es vor allem um die Klärung seiner vielfältigen Rollen als Vater, seine Funktion im kindlichen Entwicklungsprozess und die vielen kleinen Details des Alltages, die auf ein Baby oder Kleinkind Einfluss nehmen. Dass sich dabei, gleichsam ganz nebenbei, auch viele typische Konflikte zwischen Mutter und Vater auflösen lassen, ist das Überraschende dabei.

Die hier im Buch beschriebenen Fallgeschichten stammen aus der Praxis und sind wahre Begebenheiten. Um die Identitäten dieser Familien zu schützen, wurden aber Namen und genauere Umstände verändert.

Vieles, was ich im Rahmen meiner Tätigkeit individuell mit einzelnen Vätern besprochen habe, ist in diesem Buch zusammengefasst. Es beschreibt die typischen »Fallen«, die sich für junge Eltern manchmal ergeben, aber auch wie man sie vermeidet oder die passenden Lösungswege findet. Wenn man die Klippen und Fallstricke dieser Lebensphase kennt, kann man ihnen ausweichen. Ist man bereits hineingetappt, so gibt es auch wieder Wege hinaus. Hilfreich kann es aber auch sein, einfach nur eine Bestätigung zu bekommen, dass man eigentlich auf ganz passendem Kurs ist. Vieles, was Väter rein intuitiv tun, wird weder von der Partnerin noch gesellschaftlich in seinem Wert ausreichend erkannt und gewürdigt – manchmal nicht einmal von ihnen selbst.

Schon in meinem ersten Buch *Baby, warum isst du nicht?* habe ich versucht, die Bedeutung des Vaters herauszuarbeiten. Viele Gedanken dazu und Zusammenhänge, sind aber offengeblieben. Es waren junge Väter der ORF-Redaktion »Thema«, die mich letztendlich motivierten, mich hinzusetzen und dieses »Vater-Buch« auch wirklich zu schreiben. Als ich im Rahmen eines Interviews versuchte, Funktion und Aufgaben von Vätern kleiner Kinder in Kürze zusammenzufassen und dabei auch bisher übliche

Sichtweisen hinterfragte, gab es erstaunlich positive Reaktionen. Was ich sagte, schien eine Art Erleichterung auszulösen. Es scheint ein vages und möglicherweise berechtigtes Unbehagen zu geben, das so mancher Vater in sich herumträgt.

Meine ersten beruflichen Erfahrungen mit Vätern machte ich bereits in meiner Ausbildung zur Kinderärztin. Eine Zeit lang war es damals meine Aufgabe, nach operativen Geburten das Kind zu versorgen und dann dem Vater zu bringen. Jeder dieser Väter war natürlich gerührt, als er sein Kind zum ersten Mal sah. Aber jeder, egal aus welcher Gesellschaftsschicht, stellte anschließend sofort die immer gleiche Frage: »Wie geht es meiner Frau?«

Was mir in diesen berührenden Situationen noch auffiel, war, dass ein Großteil der Männer von sich selbst heraus nicht die Arme ausstreckte, um das Baby von mir zu übernehmen. Nachdem ich eine Zeit lang zuerst fragte: »Wollen Sie es halten?«, und unsichere Gegenfragen wie »Darf ich das denn?« erhielt, änderte ich meine Strategie: Ich fragte nicht mehr. Ich legte das Neugeborene einfach dem Vater in den Arm. Die Tränen der Rührung, die dann regelmäßig bei den Vätern flossen, begleiten mich noch heute.

I. DIE GROSSEN ZUSAMMENHÄNGE

1. Einführung

»Was das Kind betrifft, das entscheidet alleine meine Frau.«

»Meine Frau und ich machen alles gleich.«

»Also, es kann doch nicht sein, dass die Mutter *alles* bestimmt!«

»Ist es nicht meine Aufgabe, dem Kind Grenzen und Manieren beizubringen?«

Das Selbstverständnis vieler Väter bezüglich ihrer Vaterrolle zeigt sich manchmal nur in solchen Nebensätzen. So unterschiedlich, direkt widersprüchlich diese Väter auf den ersten Blick auch wirken mögen: überraschenderweise hat jeder von ihnen – zumindest auf eine gewisse Weise – recht.

Alle diese Haltungen sind Teilstücke der väterlichen »Job-Beschreibung«. Jeder dieser Sätze hat seinen berechtigten und sinnvollen Platz in der väterlichen Welt. Es sind passende Puzzleteile. Um die Widersprüche aufzulösen, muss man sie allerdings in Relation zum Faktor Zeit bringen. Die Kernfrage dazu lautet: *Wie alt ist denn das Kind, um das es dabei geht?*

Bereits im ersten Lebensjahr eines Babys können – nacheinander – ganz unterschiedliche Grundhaltungen des Vaters ihren absolut passenden Platz finden.

Gibt es Probleme in der jungen Familie – dazu zählen Konflikte zwischen dem Elternpaar ebenso wie spezielle Sorgen das Baby betreffend – und fragt man Väter dann gezielt nach *ihrer* Sicht, so fassen sie es mitunter so zusammen: »So habe ich mir das mit Kind und Familie eigentlich nicht vorgestellt!« »Meine Frau hat sich total verändert!« »Mit dem Kind geht es mir eh gut – meine Frau ist das Problem.«

Anscheinend verzweifeln nicht nur Mütter an einer Doppelfunktion. Auch Väter erleben Vergleichbares. Ist es für Mütter der oft beschriebene Konflikt, Kind und Beruf unter einen Hut zu bringen, so scheint es für junge Väter die Doppelrolle zu sein – einen Beruf zu haben und gleichzeitig den Bedürfnissen einer Partnerin, die Mutter geworden ist, gerecht zu werden.

Das Dilemma, das Väter zu lösen haben, hat einen tiefen Zusammenhang mit der frühkindlichen Entwicklung: Vieles aus der Vaterwelt ist für das kleine Kind nur dann nutzbar, wenn es nicht gleichzeitig die Beziehung zu seiner Mutter bedroht. Gleichzeitig liegt aber für das kleine Kind eine der zentralen Bedeutungen des Vaters darin, dass er einerseits vertraut, aber eben auch *anders* als die Mutter ist. Bereits im zweiten Halbjahr wird die Andersartigkeit des Vaters direkt zu einem Motor der kindlichen Entwicklung. Es bekommt einen Wert, dass der Vater andere Lösungen findet, andere Prioritäten setzt, andere Sichtweisen einbringt. Dass er eben *nicht* die Mutter ist. Die Quadratur des Kreises liegt für Väter also darin, einerseits im Einvernehmen mit der Mutter und andererseits trotzdem selbstbewusst *anders* zu sein.

Wissen beide Eltern über die Bedeutung ihrer unterschiedlichen Rollen Bescheid, so können sie einander darin gegenseitig ganz bewusst stärken. Die Kraft, die im ausbalancierten Zusammenspiel der Eltern steckt, scheint in der heutigen Zeit immer wichtiger zu werden. Sowohl gesellschaftliche Veränderungen als auch die Fortschritte der Medizin verändern zunehmend die Startbedingungen junger Familien. Nicht wenige Babys, die nicht essen, schlecht schlafen oder viel schreien, haben eine medizinische Vorgeschichte. Viele dieser Babys können auch unerwartete Bedürfnisse und Verhaltensweisen zeigen. Betrachtet man die Rolle des Vaters aus Sicht des Babys und dessen entwicklungspsychologischen Bedürfnissen, ergeben sich klare Zeitabläufe.

Auch die Säuglingsforschung hat Informationen zu bieten. So zeigt die Bindungstheorie, dass Babys anfangs eine klare Hierarchie ihrer Bezugspersonen aufbauen. Das hilft schon einmal in der (anfänglichen!) Rangfolge. Langzeitstudien darüber, welche Faktoren Kinder zu einem glücklichen und erfüllten Leben ausrüsten, führen wiederum zurück zu der sehr frühen Kindheit und so etwas wie einem Doppelsystem. Es gibt eine Polarität mit einem mütterlichen und einem väterlichen Prinzip.

Die frühe Kindheit

Die ersten drei Lebensjahre sind eine spezielle Zeit. Und das erste Lebensjahr ist die Ausnahme dieser Ausnahmezeit. Es ist eine Zeit des Werdens. Das gilt nicht nur für das Baby, sondern für die ganze Familie.

Ganz allgemein kennzeichnet die frühe Kindheit eine Eigentümlichkeit: Wir alle haben sie erlebt, aber keiner kann sich daran erinnern. Während viele Menschen an ihre Jugend noch sehr lebhafte Erinnerungen haben und manche auch Szenen aus ihrer Grundschulzeit, einige sogar aus ihrem Kindergarten erzählen können, ist die Zeit davor verhüllt.

Der österreichische Gedächtnisforscher und Nobelpreisträger Eric Kandl kann das Phänomen erklären: In einem Alter von unter achtzehn Monaten gibt es kein bewusstes Gedächtnis. Es fehlen einfach noch die entsprechenden Hirnstrukturen. Es ist gar nicht möglich, sich gedanklich an die Zeit unter eineinhalb Jahren zurückzuerinnern.

Während Eltern also bei der Erziehung größerer Kinder auch ihre eigenen bewussten Erinnerungen zurate ziehen können – was hat einem selbst als Kind gutgetan? Was hat einen damals gekränkt? –, so geht das in den ersten eineinhalb Jahren nicht.

Und es ist noch komplizierter! Was man in der eigenen frühen Kindheit erlebt hat, ist nicht einfach verschwunden. Es ist trotzdem irgendwie noch da. Auch das hat die Gedächtnisforschung herausgefunden: Erlebnisse dieser Zeit werden im Gefühlssystem abgespeichert. Wir haben Erinnerungen an diese Lebensphase – aber eben nur gefühlsmäßig.

Nehmen Eltern also in den ersten Monaten nach Geburt ihres Kindes unerklärliche Emotionen, Verhaltensweisen und Veränderungen an sich selbst oder ihrem Partner wahr, so können diese direkt mit diesem Phänomen zusammenhängen. Alte Stimmungen und Empfindungen aus der eigenen Vergangenheit werden gleichsam wieder erweckt.

Wir alle bekommen in unserer frühen Kindheit eine Art Blackbox übergeben, deren Inhalt wir später nicht mehr kennen, und geben diese an unsere Kinder, in *deren* frühen Kindheit, weiter. Und auch diese werden sich nicht mehr bewusst erinnern können.

Eine der Besonderheiten dieser Zeit ist, dass prinzipiell andere Spielregeln herrschen als später in der Familie. So wie es zu Anfang ist, wird es nicht bleiben. Das gilt nicht nur dem Baby gegenüber. Das ist auch bedeutsam für die Partnerschaft zwischen den Eltern. Wie immer sich Eltern ihr späteres Familienleben und ihre Paarbeziehung auch vorgestellt haben – derzeit wird erst daran gebaut. Erst wenn die Wände hoch genug sind, kommt das Dach darauf.

Das erste Lebensjahr

Nie wieder wird das Tempo der kindlichen Entwicklung so rasant sein. Schon das erste Lebensjahr ist ein Wunder! Ob ein Kind später dann einmal sieben oder acht Jahre alt ist, wird nicht so eine große Rolle spielen. Aber wie gravierend ist doch der Unterschied zwischen einem Neugeborenen und einem Einjährigen! Innerhalb eines Jahres wird aus einem kleinen Wesen, das nur zwanzig Zentimeter weit scharf sehen konnte, seinen Körper nicht bewusst bewegen, sich nicht aufsetzen, ja nicht einmal seinen eigenen Kopf halten konnte, ein – im wahrsten Sinne des Wortes – eigenständiges Persönchen. Es will dann nicht nur auf eigenen Beinen stehen, sondern auch eigene Pläne entwickeln und diese umsetzen.

Erwachsene sind auf so eine atemberaubende Schnelligkeit oft gar nicht eingerichtet. Speziell im Berufsleben fliegen die Jahre oft nur so dahin. Wir wundern uns, dass wir schon wieder einmal Weihnachtsgeschenke einkaufen müssen. Während in unseren Augen das Baby also weiterhin das gleiche Baby ist, hat es sich in Wirklichkeit schon wieder verwandelt und verändert. Manchmal merkt man es nur an der notwendigen neuen Babykleidung: Jetzt ist es schon wieder gewachsen!

Im ersten Lebensjahr wird ein Baby nicht nur sein Geburtsgewicht verdreifachen und motorisch mobil werden. Neben diesen großen, unübersehbaren Fortschritten werden noch viel eindrücklichere, aber unsichtbare Veränderungen ablaufen.

Um bei Babys Entwicklung halbwegs Schritt halten zu können,

hat es sich bewährt, diese beschleunigte Lebensphase in Abschnitte zu gliedern. Kinderärzte orientieren sich meist an den sogenannten *Meilensteinen* der Entwicklung.

Hat es schon das erste Mal gelächelt? Kann es sich schon umdrehen? Sitzt es schon frei? Zieht es sich auf? Kann es schon gehen? Ganz allgemein kann man alle drei Monate mit gravierenden Neuigkeiten rechnen.

Für Väter besonders bedeutsam ist die große Veränderung, die mit sechs Monaten beginnt. Sinnvoll ist es, wenn Väter hier zwischen einer Zeit davor und einer Zeit danach unterscheiden.

Betrachtet man es entwicklungsgeschichtlich, so sind Babys in den ersten sechs Monaten eigentlich noch sogenannte »physiologische Frühgeburten«. »Physiologisch« bedeutet hier naturgegeben, sozusagen normal. Die medizinische Idee dazu ist, dass wir Menschen anscheinend früher auf die Welt kommen als andere vergleichbare Lebewesen. Unser Kopf wäre sonst zu groß für eine normale Geburt.

Psychologisch gesehen gehört das Baby bis zum sechsten Monat in vielerlei Hinsicht sozusagen noch in Mutters Bauch. Das große Erlebnis der körperlichen Geburt hat zwar schon stattgefunden, man kann das Baby auch schon sehen und halten. Trotzdem gelten vielfach noch ähnliche Bedingungen wie auch während der Schwangerschaft. Die Devise lautet: Zwei sind eins. Und dementsprechend fühlen sich sowohl Babys als auch Mütter – sowohl die Mutter als auch das Baby verstehen sich in der Anfangszeit in weiten Bereichen nicht einzeln und individuell, sondern als zwei in einem. Sie sind eine Zweiheit. Wie es dem einen geht, geht es dem anderen. Das Baby als Teil ihrer selbst zu verstehen, gehört zu der anfänglichen Mütterlichkeit. Ein so kleines Baby alleine für sich wäre auch gar nicht lebensfähig.

Den Zeitpunkt der großen Veränderung dieser Lebensphase exakt bei sechs Monaten festzulegen, ist natürlich eine Vereinfachung. Wie fast bei allem, was mit Babys zu tun hat, gibt es auch hier eine gewisse natürliche Bandbreite. Manche Babys erreichen diese Phase unerwartet früh, bereits mit fünf Monaten. Andere lassen sich Zeit und erreichen sie erst mit neun Monaten oder sogar noch später. Es gibt also eine bequeme Übergangsfrist, in der sich alle Beteiligten nach und nach auf neue Spielregeln einstellen können.

Trotzdem ist die Grenzlinie bei sechs Monaten zu legen eine hilfreiche Gedankenstütze. Auch viele andere Veränderungen dieser Altersgruppe weisen direkt auf diese Grenze hin. Beispielsweise empfehlen Kinderärzte für genau dieses Alter den großen Schritt der Ernährungsumstellung. Oft kommen um diese Zeit die ersten Zähne. Es geht um das Ausklingen des Stillens und den Beginn der Beikost. Das ist kein zufälliger Termin, den sich Kinderärzte willkürlich irgendwie ausgedacht haben. In diesem Alter sind Babys Organe ausgereift und benötigen eine Umstellung. Was da so locker empfohlen wird, ist genau betrachtet eigentlich ein fundamentaler Systemwechsel: Es heißt, die Zeit des Säuglings geht zu Ende. Die Zeit des Kleinkindes beginnt.

Aber auch ganz ohne kinderärztliche Empfehlungen merken sowohl Eltern als auch Babys, dass sich etwas geändert hat. »Ich kann sie tagsüber kaum mehr stillen, alles lenkt sie derzeit ab«, berichtet die eine Mutter. »Ja, ich muss mich zum Füttern sogar extra in ein einsames Zimmer setzen«, antwortet die andere. Viele Babys stillen sich zum Beispiel um den siebenten Lebensmonat herum ganz selbstständig ab. »Danke, das war super«, scheinen sie zu sagen, »ab jetzt brauche ich was anderes!«

Nicht nur stillen oder Flasche füttern kann in dieser Zeit schwieriger werden. War es Eltern zum Beispiel in den ersten Monaten durchaus möglich, ihr Baby zu diversen Einladungen und Veranstaltungen mitzunehmen – beim größten Trubel schlief es unter Umständen entspannt im Tragetuch –, so geht das nun nicht mehr so locker. Mit sechs Monaten wird die Außenwelt viel zu interessant. Und wenn es da draußen so spannend ist, ist an Schlaf gar nicht mehr zu denken. Müde brüllende Babys setzen den sozialen Aktivitäten ihrer Eltern jetzt neue Grenzen.

Sogar die doch erfreulichen motorischen Fortschritte bekommen auch ihre Schattenseiten. Wird das Baby gewickelt, bleibt es jetzt nicht mehr ruhig liegen. Denn was man mit sechs Monaten meist auch plötzlich kann, ist – sich umdrehen. Babys vergrößern in diesem Alter ihren Aktionsradius. Sie wollen sitzen lernen und beginnen sich fortzubewegen. Auch die von der Mutter an das

Baby geliehenen Abwehrstoffe, die seit der Geburt abgebaut werden, neigen sich nun dem Ende zu. Selbst immunologisch beginnt das Kind dann auf eigenen Beinen zu stehen. Manchmal merkt man das an den ersten Infekten.

Teilt man Babys erstes Lebensjahr also in zwei Hälften, so ergeben sich für Väter bereits hier zwei unterschiedliche Strategien. Während in den ersten sechs Monaten weiterhin Spielregeln wie in der Schwangerschaft gelten und Väter mit der Grundhaltung »Was das Kind betrifft, entscheidet alleine meine Frau« gut beraten sind, ändert sich das im zweiten Halbjahr. Mit sechs Monaten bahnt sich ein fundamental wichtiger nächster Entwicklungsschritt an. Es beginnt eine neue Entwicklungsphase, die bis in das dritte Lebensjahr hinaufreichen wird. Dort kann auch das Grundgefühl mancher Väter: »Die Mutter kann doch nicht alles bestimmen«, seinen passenden Platz finden. Was zu dieser Zeit sowohl Väter als auch Mütter manchmal verunsichert und an ihrer Partnerschaft zweifeln lässt, steht eigentlich in direktem Zusammenhang mit der Entwicklung ihres Kindes. Könnte dieses schon sprechen, würde es zu dieser Zeit unter Umständen ganz Ähnliches fragen. Nämlich: »Was kann man hier eigentlich selbst bestimmen?«

Vater und Gesellschaft

Väter haben es nicht leicht. Während die Rolle der Mutter in der Anfangsphase in allen Kulturen ziemlich ähnlich angelegt ist, ist die des Vaters variabel. Im Gegensatz zur frühen Mutterrolle ist die des Vaters mehr von der jeweiligen Gesellschaftsform abhängig. Ohne es bewusst zu planen, ist er sozusagen deren erste Abordnung. Dabei geht es weniger darum, wie er diese bewusst aktiv vermittelt, sondern eher darum, was das Kind alltäglich beobachten kann. Es nimmt wahr, was der Vater wie selbstverständlich tut, welche Rolle er in der Familie einnimmt und wie die anderen ihm begegnen.

In welche übergeordnete Gesellschaftsstruktur ist die Familie eingebettet? Herrschen mehr hierarchisch-autoritäre oder demokratische Spielregeln? Wie werden denn ganz grundsätzlich in dieser Gesellschaft Konflikte gelöst? Auf was muss ein Vater sein Kind eigentlich vorbereiten? Geht es in der jeweiligen Gesellschaft um die Entwicklung als Einzelindividuum mit all seinen persönlichen Begabungen und Anrechten? Oder ist es gesellschaftlich erwünscht, dass sich jeder jeweils als ein Teil einer Gruppe versteht und die Bedürfnisse des Clans vorangestellt werden? Bereits in der Altersklasse sieben bis sechsunddreißig Monate, der Entwicklungsphase der Individuation, gibt es dabei beträchtliche kulturelle Unterschiede.

Grundsätzlich gilt, dass jede Kultur die zu ihr passende Form der frühkindlichen Erziehung entwickelt. Wie unterschiedlich die Methoden sein können, verdeutlicht vielleicht folgende kleine Nebenszene, die während eines *Terra-Mater*-Afrika-Dokumentarfilms über meinen Bildschirm flimmerte:

Es wird die Mahlzeit einer Großfamilie gezeigt. Mittendrin in einem Kreis auf dem Boden sitzender Erwachsener sitzt auch ein kleiner essender Junge. Ich schätze ihn auf nicht einmal zwei Jahre. Plötzlich ist im Bild eine große Männerhand zu sehen. Mit einem Griff schnappt sich die große Männerhand einfach ein Stück Essen des Kindes. Und dann, blitzschnell, geschieht es. Direkt routiniert, ohne auch nur aufzusehen, ohne jede Zeitverzögerung und sogar weiterkauend holt der kleine Junge weit aus und schlägt entschlossen einmal und mit aller Kraft auf die Riesenhand vor ihm. Ebenso prompt öffnet sich die große Hand und lässt das Stück Essen wieder zurückfallen. Die Hand wird zurückgezogen. Ruhig, unaufgeregt und wie selbstverständlich isst das Kind weiter. Im Hintergrund ist das kurze Auflachen eines Mannes zu hören.

Offensichtlich hat der kleine Junge soeben eine auffrischende Lektion in »Nahrungsverteidigung« bekommen. In einem Land, in dem Ressourcen knapp sind, ist dies anzunehmenderweise eine wichtige, vielleicht sogar lebensnotwendige Fähigkeit. Der kleine Junge hat sie mit Bravour gemeistert.

Kinder werden von klein an auf die Gesellschaft vorbereitet, in der sie später leben werden. In Zeiten der Migration und des gesellschaftlichen Wandels birgt dieses Prinzip allerdings auch einige Verirrung und Verunsicherung.

Aber man muss nicht bis nach Afrika oder auf andere Kontinente schauen. Auch innerhalb Europas gibt es bereits große Unterschiede. Während im deutschsprachigen Teil Kleinkinder vor allem zu Hause und meist von der Mutter betreut werden, gilt für den französischsprechenden Teil schon lange die Tradition der sehr viel früheren Fremdbetreuung.

Davon, dass sich sogar schon französische Kleinkinder teilweise anders verhalten als österreichische, konnte ich mich persönlich überzeugen: Als ich während eines Urlaubes in einem Club Med täglich mit den verschiedensten französischen Familien mit Kleinkindern als ihnen Unbekannte den Mittagstisch mit ihnen teilte, war ich verwundert. Zu meinem Erstaunen würdigte mich kaum eines dieser Kinder auch nur eines Blickes. Während österreichische Kleinkinder im Beisein ihrer Eltern Fremden gegenüber sehr neugierig und kokett sind, verhielten sich die französischen anders. Auch im Urlaub täglich fremdbetreut in der Kindergruppe, hatten sie bei der gemeinsamen Mahlzeit nur Augen für ihre Eltern. Offensichtlich hatten sie die Nase voll von all den Fremden und waren froh, endlich einmal mit ihren Eltern zusammen sein zu können. (Ob diese kulturell geübte Form der frühen Fremdbetreuung eventuell mit der berühmten *Amour* der Franzosen zusammenhängt, ist natürlich Spekulation.)

Die gesellschaftlichen Vorgaben sind auch rein praktisch gesehen bedeutsam für die Aufgaben eines Vaters. Es macht einen großen Unterschied, ob seine Familie als Großfamilie oder, so wie meist bei uns im Westen, als Kleinfamilie angelegt ist.

In Großfamilien stehen bereits in der frühesten Kindheit viele verschiedene Personen gleichzeitig zur Auswahl. Je nach Bedarf kann auf Großeltern, Onkel, Tanten, Geschwister, Cousinen und Cousins zurückgegriffen werden. Für Mütter ergibt sich dadurch ganz nebenbei Entlastung und Unterstützung. Dem Baby stehen von Anfang an unterschiedlichste Bezugspersonen, Spielgefährten und Vorbilder zur Verfügung.

In Kleinfamilien hingegen übernehmen Eltern, quasi stellvertretend für all diese Personen, die verschiedensten Aufgaben. Der Anforderungskatalog an Mutter und Vater wird dadurch breiter und bunter. Vor allem für den Vater ergibt sich so ein sehr variationsreiches Rollenbild. Das gilt sowohl dem Kind gegenüber als auch gegenüber der Partnerin.

Dass die gesellschaftlich veränderte Stellung der Frau auch die Aufgaben des Vaters verändert hat, können ältere Leute bestätigen: *»Das gab es früher nicht!«* Man sieht Väter mit Tragetuch, Väter, die Kinderwagen schieben, oder Väter auf dem Spielplatz. Väter gehen in Karenz- bzw. Elternzeit. In der westlichen Welt ist die patriarchale Rolle der (Ur-)Großväter out. Da ist sich der Großteil der Eltern bereits einig. Seit der vermehrten Berufstätigkeit von Müttern wird das Partnerschaftsmodell favorisiert. Gleiches Recht für alle, gleiche Pflichten. Durch die öffentliche Meinung ging vor kurzem ein Aufschrei, als ein bekannter Sänger öffentlich erklärte, er plane, seinem (noch ungeborenem) Kind, nicht selbst die Windeln zu wechseln.

Die gesellschaftlichen Weiterentwicklungen lassen auch neue Themen auftauchen. In den Medien gibt es Diskussionen über Adoptionen durch gleichgeschlechtliche Paare. Definieren sich Mutter- und Vaterrolle am Geschlecht? Und wenn der Vater so wichtig ist – wie machen das dann eigentlich Alleinerziehende?

Verunsicherung und Belastung für junge Familien gibt es aber auch von anderer Seite. Die eigentlich erfreulichen Fortschritte der Medizin haben leider auch Nebenwirkungen. Unter Schlagworten wie Hormonbehandlung, In-vitro-Fertilisation, Frühgeburt oder Leihmutterschaft verbergen sich oft dramatische Geschichten. Es sind neue Hürden – für Väter genauso wie für Mütter und für das Baby selbst.

Wo der Fortschritt neue Fragen aufwirft, gibt es aber glücklicherweise auch Fortschritt bei den Antworten. In unserem Fall kommen sie aus einer jungen Wissenschaft – der Säuglingsforschung.

2. Was die Wissenschaft über Babys und Eltern herausgefunden hat

Eine von jungen Vätern häufig gestellte Frage lautet: »Was kann so ein Baby eigentlich schon?« Das ist eine wunderbare Frage. Auf gewisse Weise zielt sie direkt ins Zentrum des väterlichen Universums. Während bei Müttern die Gedanken mehr um Fragen nach den Bedürfnissen ihres Babys kreisen: »Was braucht es? Wie kann ich ihm helfen?«, suchen Väter oft den Zugang von der anderen Seite, nämlich von der Seite der *Fähigkeiten* des Babys her. Väter haben da ganz recht. Jenseits aller Hilflosigkeit, Abhängigkeit und Bedürftigkeit haben Babys auch noch eine andere Seite. Und diese andere Seite ist reich ausgestattet mit einer überraschenden Fülle von Befähigungen und Begabungen. Der unwiderstehliche Charme der Babys ist nur einer davon.

Die Frage »Was kann so ein Baby eigentlich schon?« beschäftigt nicht nur Väter. Inzwischen hat sich ein ganzer Wissenschaftsbereich gebildet, der sich diesem Thema widmet – die Säuglingsforschung.

Säuglingsforschung und Co

Dieser Überbegriff, der genauer gesagt »Säuglings- und Kleinkindforschung« heißt, steht heute für ein bunt zusammengetragenes Wissen aus den verschiedensten Wissenschaftsbereichen. Dazu zählen Fachleute wie Entwicklungspsychologen und Kinderärzte, ebenso wie Psychoanalytiker, Kinderpsychiater, Soziologen, Sprachwissenschaftler oder auch Verhaltensbiologen und sogar Zoologen.

Wegbereiter dieses neuen Wissenschaftsbereiches war eine in den zwanziger Jahren des vorigen Jahrhunderts gemachte neuartige Erfindung: die Filmtechnik. Dass Filmaufnahmen von Babys neue

Erkenntnisse über diese bringen sollen, ist für so manchen verblüffend. Ist es nicht das Gleiche, ob man ein Baby beobachtet oder einen Film von dieser Beobachtung anfertigt? Was ist da der Unterschied?

Babys können zwar sehr lautstark schreien, sonst aber drücken sie sich vor allem durch Körpersprache aus, nämlich durch Gestik und Mimik. Sie verhalten sich. Dieses sogenannte »Verhalten« ist aber auch etwas sehr Flüchtiges. Kaum war es da, ist es schon wieder vorbei. »Es hat die Stirn gerunzelt, hast du es gesehen?« »Findest du? Ich glaube nicht!« Beobachtbares Verhalten existiert nur so lange, wie es eben stattfindet. Ob es überhaupt wahrgenommen wird, hängt wiederum ganz persönlich von dem ab, der es sieht oder eben nicht sieht. Die Sichtweisen können da sehr unterschiedlich sein.

Videoaufnahmen solcher Szenen ändern das schlagartig. Sie schaffen nämlich Fakten. Und man kann sehen: Ja, das Baby hat die Stirn gerunzelt. Man kann es sogar messen und zeitlich bestimmen. Das Runzeln der Stirn begann in Minute drei und dauerte fünf Sekunden. Man kann auch versuchen, einen Zusammenhang herzustellen. Videos kann man ja sogar zurückspulen und wiederholt betrachten. Sogar den Zeitverlauf kann man ändern. Es gibt Zeitlupe oder Zeitraffer. Was war denn knapp vor dem Stirnrunzeln? Aha, ein Geräusch.

Was Babys oder Kleinkinder so tun oder wie sie auf etwas reagieren, konnte man natürlich schon immer beobachten. Aber beforschen, das heißt das Beobachtete wiederholbar und zählbar und dadurch auch zu überprüfbarem Wissen machen, konnte man es erst seit Entdeckung des Films. Was hat man da alles herausgefunden? Was waren die ersten Fragen, die man über Babys gestellt hat? Eigentlich ähneln diese Fragen jenen, die mir auch Väter so oft stellten: Was sieht ein Baby? Was bekommt es mit von dem, was ich tue? Was interessiert ein Baby? Was bevorzugt ein Baby? Bald wurden daraus aber auch komplexere Fragen. Was weiß ein Baby über die Welt, wenn es zur Welt kommt? Wie lernt ein Baby?

Zum Beispiel über das Sehen: Alles in zwanzig Zentimeter Entfernung können Neugeborene schon scharf sehen. Das macht auch Sinn, denn es ist in etwa die Distanz zu dem Gesicht jenes Menschen, der einen im Arm hält. Dahinter sehen Neugeborene noch alles verschwommen. Auch das ergibt Sinn, denn dadurch entsteht eine Art Reizschutz. Vieles, was in diesem Alter Angst machen könnte, ist unscharf und verliert so an Bedeutung. Es verkleinert die Welt und reduziert sie auf das für das kleine Baby Wesentliche. Zu Anfang lieben sie Kontraste. Schwarz-Weiß-Muster zum Beispiel sind bei Babys total in. Vielleicht betrachten sie auch deshalb so gerne Haargrenzen und schwarze Brillenfassungen.

Allmählich zunehmend bis zum sechsten Lebensmonat können Babys dann schon so gut sehen wie Erwachsene. Es ist ein Alter, in dem Kinder bereits etwas Kontrolle über ihren Körper bekommen. Die Hände können dann schon gezielt zugreifen und sich etwas in den Mund stecken. Der ganze Körper kann sich jetzt zunehmend etwas Interessantem zuwenden. Dinge in weiterer Entfernung zu sehen, motiviert nämlich dazu, sie auch erreichen zu wollen. Was ein Baby sieht, will es ganz selbstverständlich auch anfassen und sehr bald auch in den Mund stecken. Gut sehen zu können, wird dadurch auch zu einer Art Motor für körperliche Fähigkeiten. Wir Menschen sind schon von Beginn an sehr neugierig!

Babys befragen

Über das Sehen und Anschauen diverser Objekte hat die Säuglingsforschung eine Reihe weiterer Untersuchungen gemacht. Eigentlich ist die Art, wie Babys Dinge betrachten, direkt ein Kernstück dieses Forschungszweiges: Man kann Babys nämlich damit richtiggehend befragen.

Das geht allerdings nur unter bestimmten Umständen. Sie dürfen nicht gerade mit sich selbst beschäftigt sein; also zum Beispiel, wenn sie müde oder hungrig sind oder Bauchweh haben. Speziell bei kleinen Babys unter drei Monaten ist die Zeitspanne, in der sie nicht mit solchen körperlichen Wichtigkeiten beschäftigt sind, noch sehr kurz. Wann genau sie bereit für Informationen von außen sind, kann man ihnen aber im wahrsten Sinne des Wortes vom Gesicht ablesen. Im Zustand der sogenannten »ruhigen Aufmerksamkeit« scheint sich alles auf die Augen zu konzentrieren. Babys Augen sind dann weit geöffnet, während sonst alles ruhig und entspannt ist. Der Körper hält still. Im Gesicht ist kaum

Mimik zu sehen. Nicht einmal die Stirne runzelt sich. Alles ist auf »Empfang« geschaltet.

Was Babys interessiert, sehen sie an. Zum Beispiel etwas Neues. Was sie nicht interessiert, übersehen sie. Sie sind da ganz ähnlich wie wir Erwachsenen. Was wir täglich vor Augen haben, verliert an Wichtigkeit. In manchen Dingen können wir ja wortwörtlich betriebsblind werden.

Als die Forscher also wissen wollten: »Erkennen Babys überhaupt, ob ein Gegenstand für sie neu ist? Machen sie einen Unterschied zwischen Bekanntem und Unbekanntem?« So gab einem die Zeitdauer des Betrachtens eine Antwort. Neues scheint Babys mehr zu interessieren als etwas, was sie laufend vor Augen haben. Neues betrachten sie länger als etwas, was sie bereits kennen. Sie machen einen Unterschied.

Man kann sie sogar befragen: »Erkennst du den Gegenstand wieder?« Denn hat man etwas dem Baby Wohlvertrautes (welches sie eventuell kaum mehr eines Blickes würdigten), für einige Zeit verschwinden lassen und zeigt es dann wieder her, machen sie erneut einen Unterschied. Sie betrachten es nun wiederum für längere Zeit. Auch hier wird verständlich, warum Videoaufnahmen solcher Szenen für die Säuglingsforschung so wichtig waren. Wenn, wie in diesem Fall, die Zeitdauer den Unterschied macht, musste man das ja abstoppen, bestimmen und Vergleiche anstellen können.

Aber nicht nur in der Wissenschaft, auch im normalen Leben kann man auf diese Weise Babys befragen. Ich selbst wende es zum Beispiel an, wenn ich nicht weiß, ob ein Flaschenkind gerade hungrig ist oder nicht (und kein Zuständiger in der Nähe ist, der mir sagen kann, wann das Kind zuletzt getrunken hat). Ich präsentiere eine Flasche. Ist man nämlich hungrig und ein Flaschenkind, dann ist so eine Flasche – zumindest im Augenblick – eindeutig interessant. Und was interessant ist, wird – angeschaut. Ein wirklich hungriges Baby lässt die Flasche unter Umständen gar nicht mehr aus den Augen. »Ja! Genau richtig!«, scheint das zu heißen. Für ein sattes Baby hingegen gilt: Es gibt nichts Langweiligeres als so eine Flasche. Täglich schon zigmal gesehen und im Augenblick völlig nutzlos. Gähn. Manche Babys lassen den Blick nicht nur gelangweilt darüber hinweggleiten, sondern scheinen das uninteressante Ding sogar aktiv übersehen zu wollen. Überall und rund um die Flasche herum wird geschaut, nur keinesfalls auf die Flasche vor der Nase. Man könnte es fast als »Bitte nimm das weg!« übersetzen. Zu glauben, das arme hilflose Baby sieht einfach die Flasche vor seinen Augen nicht, ist natürlich eine ziemliche Unterschätzung seiner Fähigkeiten.

Sogar über ihr Wissen über die Welt hat man Babys mithilfe des Prinzips der Blickdauer schon befragt. Präsentiert man ihnen Unwahrscheinliches, indem man (technisch präparierte) ganze Dinge in der Luft scheinbar plötzlich zerspringen lässt, scheinen Babys sich aufrichtig zu wundern. Solche »Wunder« werden besonders lange angesehen.

Auch über die Mechanik wissen Menschenbabys schon sehr früh Bescheid. Rollt eine Kugel hinter einen Paravent und verschwindet dort, richten sie den Blick dorthin, wo diese nach den Regeln der Rollbahn auch wieder auftauchen sollte.

Und Babys verstehen sogar so etwas wie den Dopplereffekt! Das ist das physikalische Phänomen, dass man sich Näherndes und sich Entfernendes am Geräusch unterscheiden kann. Bei einem heranfahrenden Zug wird das Geräusch immer lauter. Entfernt er sich, wird das Geräusch immer leiser. Mit ausgeklügelten Apparaturen hat man bei diesen Experimenten fünfmonatigen Babys (in guter Sichtweite!) also gleichzeitig Filme und Geräusche vorgespielt. Zum Beispiel zwei Filmsequenzen, einmal mit einem heranfahrenden Zug und einmal mit einem, der sich entfernt. Hörten die Babys dabei das Geräusch, das nur zu einem der Filme passte, so betrachteten sie diese passende Filmsequenz deutlich länger. Sie konnten offensichtlich einen Zusammenhang herstellen.

Dass Babys Zusammenhänge herstellen und das auch auf anderer Ebene können, zeigt der folgende Versuch: Einmonatigen Babys wurde ein speziell geformter Schnuller mit Noppen zum Saugen gegeben. Dann präsentierte man ihnen zwei Bilder. Auf einem Bild war ein Schnuller mit Noppen, so wie sie ihn im Mund hatten. Auf dem anderen Bild war ein Schnuller in einer ganz anderen Form. Würden sie auch da das Zusammenpassende erkennen? Und ja. Wieder war die Antwort klar. Das Bild mit dem jeweils passenden

Schnuller wurde länger betrachtet. Das war für die Wissenschaftler eine große Überraschung. Denn dass Informationen eines Sinnes (des Tastsinnes im Mund) und eines anderen Sinnes (des Sehsinns) von Anfang an so vernetzt zusammenarbeiten, hat vorher keiner einem Baby zugetraut.

Als Eltern kann man sich von diesen Experimenten aber noch mehr mitnehmen als nur das Staunen über diese kleinen Wunder. Auch im Alltag zu Hause kann man sein kleines Baby ruhig ernst nehmen, wenn es sich einer Sache zuwendet oder abwendet. Es kann etwas bedeuten, wenn Babys Dinge oder Menschen ansehen und aufmerksam betrachten. Und es muss kein Zufall sein, wenn sie etwas scheinbar übersehen. Die Zeitdauer, die Babys etwas betrachten oder aktiv wegsehen, kann eine wichtige Information für Eltern sein. Beachtet man den Blick des Babys, kann man ihm sozusagen beim Denken und Wollen zuschauen.

Denken und Lernen

Denken und Lernen gehören zusammen. Aber können schon Neugeborene richtig lernen? Die Frage über die Lernfähigkeit kleinster Babys stellten sich schon 1966 die Säuglingsforscher Siqueland und Lipsitt. Dazu machten sie ein durchaus kompliziertes Experiment, das ein wenig an den berühmten Pawlow'schen Hund erinnert. (Damit ist der berühmte Hundeversuch des Forschers Iwan Pawlow gemeint, der Futter und Glocke so lange kombinierte, bis der Hund schon allein auf das Geräusch der Glocke hin zu speicheln begann.)

Die Forscher boten Neugeborenen an einer Seite ihres Kopfes Zuckerwasser an. Dreiundachtzig Prozent der Neugeborenen interessierte das süße Etwas. Sie schafften eine Kopfdrehung (von zehn Grad, mehr Kopfdrehen können so kleine Babys noch nicht) zu jener Seite, an der sie nachher Zuckerwasser schlecken konnten. Das alleine wäre schon eindrücklich genug gewesen. Aber das Experiment ging noch weiter. Nachdem die Babys das konnten, machte man alles noch komplizierter. Jetzt gab es das Zuckerwasser nur von links, wenn eine Glocke läutete, und nur von rechts bei Ertönen eines Summers. Es wurde immer nur die »richtige« Seite mit Zuckerwasser belohnt. Und dann kam die nächste Verschärfung. Die Forscher vertauschten die Seiten von Summer und Glocke. Und man sollte es nicht glauben: binnen dreißig Minuten hatten alle Babys, die das Zuckerwasser interessiert hatte, die Aufgabe gelöst. Und das war eine wirklich schwierige Aufgabe! Die Babys mussten erlernen, verlernen, umlernen. Sie mussten Glocke und Summer unterscheiden und außerdem noch zwischen rechts und links differenzieren.

Wenn schon Neugeborene so schnell lernen können, so können das alle größeren Babys erst recht. Sie lernen täglich und werden so Tag für Tag gescheiter. Auch aus meiner Arbeit kann ich das nur bestätigen. Ich erinnere mich an ein nicht einmal dreimonatiges kleines Mädchen, das aufgrund seiner eindrücklichen Lernfähigkeit sogar unsere Stationsregeln änderte. Das begab sich so:

Am Vorabend des so wirkungsvollen Erlebnisses mussten wir dem armen Baby, das währenddessen am Stützpunkt auf dem Untersuchungstisch lag, Blut abnehmen. Das war natürlich ein Drama. Als wir es am nächsten Tag wieder auf denselben Tisch legen wollten, diesmal nur zur ärztlichen Untersuchung, begann es dort schlagartig zu schreien. Da man schreiende Babys schlecht abhören kann, wurde die Mutter gebeten, es auf den Arm zu nehmen und zu beruhigen. Die Mutter machte das hervorragend. Kaum war das Mädchen ruhig, legte die Mutter es wieder auf den Untersuchungstisch. Aber sofort gab es wieder gellendes Schreien. Nach dreimaliger Wiederholung – im Arm ruhig, auf dem Tisch schreien, kam uns schließlich ein Verdacht. Aber könnte es wirklich sein, dass sich dieses kleine Baby an das Drama des Vortages auf diesem Tisch erinnern konnte? Vielleicht wollte es nur einfach nicht vom Arm der Mutter weg? Wir entschlossen uns, eine Art Gegenprobe zu machen. Wir baten die Mutter, das Baby in ihr Zimmer zu tragen. Sie sollte versuchen, ob man das Kind dort auf sein Bettchen legen könnte. Und wirklich wahr: kein Problem. Auf dem Bett abgelegt zu werden, war völlig unproblematisch. Okay. Also wieder zurück zum Stützpunkt, zum ominösen Untersuchungstisch. Im Augenblick, als die Mutter versuchte, sie dort auf den Tisch zu legen, war alles wieder wie zu Beginn. Gellendes Schreien. Es war kein Zweifel. Dort wollte das Kind auf keinen Fall mehr liegen. Das kleine Baby konnte sich offenbar sehr wohl erinnern. Es hatte gelernt. Und es hatte gelernt, dass dieser Untersuchungstisch nichts Gutes bedeutete.

Zwar zeigen die wenigsten Babys so deutliche Reaktionen wie dieses eine damals. Aber dass sie es grundsätzlich wahrnehmen und sich merken können, war uns eine Lehre. Als Team einer Säuglingspsychosomatik benötigen wir für unsere spezielle Arbeit das Vertrauen unserer kleinen Patienten. Seit dem damaligen Erlebnis finden Blutabnahmen und ähnlich belastende Prozeduren, sogar bei so kleinen Babys, nicht mehr auf unserer Station statt. Dankenswerterweise übernehmen Kollegen der organmedizinischen Stationen, wenn notwendig, solche unangenehmen Untersuchungen.

Diese Geschichte änderte nicht nur unser Stationssetting. Sie zeigte ganz nebenbei auch, wie man Babys, ohne Sprache, befragen kann. Nämlich indem man, statt zu sprechen – etwas tut. Zum Beispiel eine andere Situation schaffen und dann beobachten, ob das Baby zwischen beiden einen Unterschied macht. Interessanterweise ist das Prinzip »Handeln statt Sprechen« dem ganz ähnlich, wie Kleinkinder später auch *uns* wortlos testen werden. So manche Handlung kleiner Kinder ist eigentlich eine an uns gerichtete Frage. Auch sie tun dann etwas ganz gezielt und beobachten *unsere* Reaktion darauf (vgl. das Kapitel »Sinnvolle Zusammenhänge« im dritten Teil, besonders den Abschnitt »Selbstwirksamkeit«).

In der Säuglingsforschung wurde das Prinzip *etwas tun*, das heißt eine Situation schaffen und dann die Reaktion des Babys beobachten, ganz systematisch eingesetzt. Man kann auch Babys etwas *tun lassen.* Zum Beispiel strampelnd ein Mobile bewegen, das an einem Beinchen fixiert ist. Schon Zweimonatige hatten da den Dreh schnell heraus. Strampel, strampel und schon bewegt sich das Ding. Zwar erlahmte das Interesse nach einiger Zeit, zeigte man einige Tage später allerdings dasselbe Mobile erneut, fingen die Babys sogleich an mit dem »richtigen« Fuß zu strampeln. Sie konnten sich also daran erinnern. Zeigte man ihnen nämlich ein anderes, neues Mobile, taten sie das nicht.

Gelegenheit, etwas zu *tun,* bekamen Babys auch bei anderen

Versuchen. So verschaffte man ihnen zum Beispiel die Möglichkeit, durch vermehrtes Saugen am Schnuller technische Geräte ein- oder auszuschalten. War der Schnuller beispielsweise mit einem Lautsprecher verbunden, konnten schon sehr kleine Babys zeigen, welche Musik, Töne oder Stimme sie besonders gerne hörten. Je länger oder stärker sie saugten, desto länger spielte es ihr »Lieblingsprogramm«.

Als man solcherart Babys der verschiedensten Altersklassen immer neue Fragen stellte, gab es spannende Ergebnisse.

Die Bedeutung des Gesichtes

Kleine Babys lieben Menschen. Lässt man sie zwischen Bildern von Gesichtern oder von Dingen wählen, entscheiden sie sich erstaunlich oft für das Gesicht. Lässt man sie zwischen Fotos einer Fremden oder ihrer Mutter wählen, entscheiden sie sich für die eigene Mutter. Eigentlich gibt es für kleine Babys nichts Interessanteres als ihre eigene Mutter. Sie riechen die eigene Mutter lieber als andere und erkennen schon als Neugeborene den »richtigen« Muttermilchgeruch. Lässt man sie aus verschiedenen Stimmen auswählen, so ist es natürlich die Stimme der Mutter, die sie wählen.

Dass schon Neugeborene so differenziert unterscheiden können, war verblüffend. Es lenkte die Aufmerksamkeit der Forscher zunehmend auf die Themen Beziehung und zwischenmenschliche Kommunikation. Wer von klein auf schon so hochspezialisiert auf Menschen ist und so eindeutige Vorlieben zeigt, hat vielleicht noch andere Überraschungen parat? 1975 machte der Säuglingsforscher Andrew N. Meltzoff seine inzwischen berühmt gewordenen Mimik-Tests mit Neugeborenen. Dabei zeigte sich, dass bereits wenige Tage alte Babys Gesichtsausdrücke eines Erwachsenen imitieren können. Streckt das Gegenüber zum Beispiel die Zunge heraus, öffnet den Mund oder kneift die Augen zusammen, so können das schon ganz kleine Babys nachmachen. Auch hier gilt natürlich, dass sie im Zustand der ruhigen Aufmerksamkeit sein müssen und der Erwachsene in klarer Sichtweite. (Das warf natürlich gleich wieder neue Fragen auf: Wieso weiß das Baby eigentlich, dass es das, was es beim anderen sieht, selbst hat? Woher weiß es, dass es ebenfalls Augen, Mund und Zunge hat? Es hat sich doch noch nie im Spiegel gesehen. Die Sache mit den Spiegelneuronen geht jetzt aber doch über das Thema dieses Buches hinaus.)

Wohin Babys und wie lange sie schauen, hat nicht nur mit Dingen oder Denken zu tun. Sieht man einander in die Augen, geht es auch oft um etwas anderes sehr Wichtiges – um Gefühle.

Dass sich Liebende so gerne in die Augen sehen – gilt das eigentlich genauso auch für Babys? Merken sie, wenn man so eine liebevolle Situation plötzlich unterbricht? Wenn man plötzlich geistesabwesend und gefühlsmäßig nicht mehr erreichbar wirkt? Jemandem in die Augen zu sehen, heißt ja nicht nur, den anderen wahrzunehmen, sondern auch zu sehen, dass man selbst gesehen wird. Es bedeutet, ich nehme wahr, dass du mich wahrnimmst. Umgekehrt kann es verletzend sein, wenn unser Liebespartner durch uns hindurchschaut, wenn er uns gegenüber abwesend, gefühllos und kalt wirkt. Erleben Babys Ähnliches? Und sollten Babys so etwas merken, wie reagieren sie da? Was machen sie dann eigentlich?

Edward Tronick, ein amerikanischer Professor für Entwicklungspsychologie, entwickelte 1978 ein Testverfahren, um diese Fragen zu beantworten. In seinem eindrücklichen »Still Face Test«, der in etwa als »Unbewegtes-Gesicht-Test« übersetzt werden kann, machte er sichtbar, wie sehr bereits dreimonatige Babys auf solche mimischen Signale oder vielmehr auf deren Nichtvorhandensein reagieren können. Bei diesem Test werden Mütter gebeten, sich mit ihrem Baby zuerst freundlich zu »unterhalten« und dann plötzlich auf ein äußeres Zeichen hin eine kurze, meist ein bis drei minütige Pause einzulegen. In dieser Zeit sollten sie mit unbewegtem Gesicht ihrem Baby weiterhin gegenübersitzen, dabei aber Blickkontakt vermeiden und starr (eben still) über den Scheitel ihrer Babys hinwegblicken. In dieser Zeit sollen sie auch nicht auf Signale ihres Babys reagieren.

Im Normalfall merken das Babys sofort. Beginnt die »Sendepause«, versuchen Babys auch schon prompt und aktiv gegenzusteuern. Um das Interesse ihrer Mütter auf sich zu ziehen, wenden sie ihnen zuerst voll das Gesicht zu, strampeln, lächeln, lauten, gurren und versuchen das ganze Baby-Flirtprogramm. Scheitern sie, wenden sie sich kurz enttäuscht ab und versuchen es danach hoffnungsvoll erneut. Scheitern sie wieder, werden manche sogar tieftraurig. Resigniert und bekümmert geben sie schließlich auf und wenden sich ab. Einige beginnen sogar zu weinen.

Wie es den Babys ergehen mag, können die betroffenen Mütter erzählen. Sie scheinen dabei ganz ähnlich wie ihre Babys zu fühlen. Sie erzählen nach dem Test, wie schwer ihnen diese wenigen Minuten gefallen sind, von einem Empfinden, ihr Baby im Stich gelassen zu haben, und einem großen Gefühl der Erleichterung, wenn sie endlich wieder auf ihr Baby reagieren durften. Und dabei ging es doch nur um drei Minuten!

Dass Babys bei gefühlsmäßiger Unerreichbarkeit der Mutter so außer sich geraten können und so enttäuscht und niedergeschlagen auf Scheitern ihrer Versuche, doch noch mit ihrer Mutter in Kommunikation zu treten, reagieren können, hat für Väter große Bedeutung. Diese liegt ganz allgemein gesehen in der emotionalen Grundstimmung der Mutter. Väter haben großen und direkten Einfluss darauf. So wie es der Mutter gefühlsmäßig geht, geht es aber auch dem Baby. Alles, was die Mutter belastet, belastet ebenso ihr Baby.

Postpartale Depression

In einem ganz besonderen Ausmaß gilt dieses Phänomen für das Krankheitsbild der postpartalen Depression. Diese im ersten Jahr nach einer Entbindung auftretende psychische Erkrankung betrifft bis zu fünfzehn Prozent der Mütter. Mehrere Wochen, aber auch monatelang bestehen bei ihnen eine niedergeschlagene Grundstimmung, Freudlosigkeit, Grübeln oder auch Schuldgefühle. Sie können keinen Schlaf finden, haben keinen Appetit und keine Energie mehr.

Das Besondere dieser Erkrankung ist, dass es dabei nicht nur *einen* Patienten – eben die Mutter – gibt, sondern eigentlich zwei. Auch das Baby ist davon direkt betroffen.

Depression teilt sich mit. Selbst für Erwachsene kann es irritierend sein, sich mit jemandem, der unter einer akuten Depression leidet, zu unterhalten. Wer depressiv und niedergeschlagen ist, zeigt kaum ein Lächeln oder eine Gefühlsregung. Er wirkt emotional nicht erreichbar. Die Sprache ist gleichförmig und leise. Alles ist verlangsamt und verzögert.

In einer Entwicklungsphase, in der das Baby auf Gefühle, Reaktionen, Zuwendung, Lächeln angewiesen ist, kann eine solche depressive Verstimmung der Mutter ernsthafte Auswirkungen auf das Kind haben. Entwicklungsprobleme und eigene spätere Depressionen können folgen.

Für Väter ist es wichtig zu wissen, dass es dabei um weit mehr geht als nur um Organisatorisches und so praktische Fragen wie »Wer wird die Mutter inzwischen entlasten oder ersetzen? Wer wird das Kind jetzt füttern, wickeln und schlafen legen?«.

Um sich bei den vielschichtigen Problemstellungen nicht zu verirren, ist eine baldige Kontaktaufnahme mit Spezialisten (wie Hebammen und Frühen Hilfen) angeraten. Für schwierige Fälle gibt es bereits Spezialstationen für postpartale Depressionen (wie zum Beispiel im Wiener Universitätsspital AKH). Nicht nur Mutter-Kind-Paare können dort gemeinsam aufgenommen werden, sondern zusätzlich auch der Vater. Um Babys *soziale Bedürfnisse* zu stillen, besteht dort die Möglichkeit zu Mutter und Kind noch eine weitere Begleitperson stationär aufzunehmen.

Pausen und Timing

Abgesehen vom Zusammenhang mit der postpartalen Depression, ist das Prinzip des Still-Face-Tests inzwischen fixes Inventar auch vieler anderer Fragestellungen der Säuglingsforschung geworden. Auch auf unserer Station machen wir gelegentlich diesen Test. Um die Babys nicht allzu sehr zu belasten, allerdings nur einmal. Außerdem beschränken wir die Sendepause auf nur eine Minute. Drei Minuten können wirklich sehr lang sein!

Eine unserer praxisnahen Fragestellungen ist zum Beispiel, warum sich ein bestimmtes Baby eventuell häufig von seinen Eltern *abwendet*. Das gibt es nämlich auch. »Mein Baby sieht mich nicht an«, berichten dann Mütter gelegentlich und sind alarmiert. Da stimmt doch etwas nicht! Manche befürchten sogar, ihr Baby liebe sie gar nicht. So ein Gefühl der Abweisung löst dieses seltsame Verhalten von Babys bei ihren Müttern nämlich aus.

Zu diesem Thema kann man sagen: Alle Babys brauchen liebevolle Kommunikation. Aber bei der Frage, wie viel davon sie brauchen, wie oft, wie lange oder wie intensiv, können sie schon von

Anfang an sehr unterschiedlich sein. Auch unter Babys kann es schon prinzipielle Vielredner oder sich selbst genügende Schweiger geben.

Dazu kommt, dass ein wenige Monate altes Baby, das eine Pause braucht, nicht einfach aufstehen, in ein anderes Zimmer gehen und die Türe hinter sich schließen kann. Sie können auch nicht sagen: »So, jetzt brauche ich ein wenig Ruhe!« Was machen Babys also? Sie lösen das anders. Sie wenden sich einfach ab. Sie schauen weg. Manche richten den Blick dann in die weite Ferne, als würden sie in eine Art »Baby-Nirwana« sehen.

Dem Kind in solchen Fällen mit dem Gesicht zu folgen, ihm nun gleich wieder von der gerade erst abgewandten Seite her wieder ins Blickfeld zu rücken, um weiterzuplaudern, bringt natürlich nichts. Speziell Babys, die ihre Umwelt besonders intensiv und aufmerksam wahrnehmen, brauchen oft viele Pausen. Ein wenig kann man sich das wie bei der Verarbeitung eines Computers vorstellen. Nach zu viel Eingaben auf einmal braucht es eine Pause, um wieder funktionsfähig zu werden. Da muss man eben warten. Wie häufig ein Baby Pausen braucht und wie lange diese Pausen dann sein sollen, kann also ebenfalls sehr stark variieren.

In manchen Fällen kann man anhand entsprechender Videos auch herausfinden, dass schlicht das Timing zwischen Eltern und Baby nicht passt. Hat das Baby eine längere Reaktionszeit, sieht es unter Umständen immer wieder erst dann zu Vater oder Mutter hin, wenn sich diese schon wieder enttäuscht abgewandt haben.

Zwei Babys sind mir bei diesem Test besonders in Erinnerung geblieben. Eines davon war ein kleines Mädchen, das »raffiniert« und erfolgreich unseren Test unterlaufen hat. Kaum hatte die Mutter begonnen ein starres Gesicht aufzusetzen, reagierte das Baby nämlich gänzlich unüblich. Statt sich zu wundern und die Mutter durch Strampeln und Lautieren auf sich aufmerksam zu machen, machte es laut und deutlich etwas ganz anderes: Es nieste. Prompt konnte die Mutter den Plan nicht mehr einhalten. »Hatschi!«, sagte Mama spontan und konnte gar nicht anders, als zu lächeln. Und aus war es mit unserem Test.

Das andere Baby war ein Sorgenkind. Lenny hatte bei der Geburt einen Sauerstoffmangel erlitten und war seither schwer beeinträchtigt. Die Mutter war sich keineswegs sicher, ob das Kind sie überhaupt erkennen könne. So etwas ist für Mütter eine unbeschreibliche Belastung! Als wir zur Klärung unseren Test vorschlugen, ahnten auch wir nicht, wie das Kind wohl reagieren würde. Als wir gemeinsam mit der Mutter dann das Video ansahen, waren wir alle sehr gerührt. Die Mutter musste sogar weinen.

Was wir sahen: Als die Mutter plötzlich die Kommunikation einstellte, reagierte Lenny zwar zeitlich etwas verzögert, aber trotzdem ganz typisch. Er schien sich zu wundern. Dann machte er Gurrlaute, um auf sich aufmerksam zu machen. Er strampelte sogar etwas. Als die Mutter weiterhin nicht reagierte, machte er zusätzlich etwas Überraschendes: Der schwer beeinträchtigte Lenny wandte sich nicht enttäuscht ab, sondern imitierte seine Mutter. Er machte ganz genau dasselbe wie sie. Er hielt ebenso still wie die Mutter und blickte ebenso unverwandt zurück. Man könnte fast sagen, Lenny machte seiner Mutter gegenüber ein »Stilles Gesicht«. Als sich die Mutter ihm dann wieder freundlich zuwandte, reagierte er erneut auf sie. Verzögert, aber deutlich schien er sie zu begrüßen. Man kann sich vorstellen, dass diese eindeutige Reaktion ihres kranken Babys für die Mutter eine große Erleichterung war. Lenny erkannte sie sehr wohl!

Über die Sprachentwicklung

Eines unserer wichtigsten Kommunikationsmittel ist die Sprache. Dementsprechend intensiv und umfassend haben sich Sprachforscher mit dem Spracherwerb auseinandergesetzt. Die überraschende Erkenntnis, die sich daraus ergab – Babys kommen international zur Welt!

Bis zum zehnten Lebensmonat können Babys etwas, wozu wir Erwachsenen nicht mehr fähig sind: Sie können alle Laute menschlicher Sprache differenziert hören. Dazu gehören die Schnalzlaute afrikanischer Sprachen, die Vokale der europäischen ebenso wie die melodischen Unterschiede der chinesischen Sprache. Um ein Beispiel zu nennen: Teil unzähliger Scherze bezüglich Chinesen und Europäern ist ja, dass Chinesen den Unterschied zwischen R und L nicht aussprechen können. Sie können dies aus einem bestimmten Grund nicht. Nämlich, weil erwachsene Chinesen den Unterschied zwischen R und L nicht *hören* können. Chinesische Babys bis zehn Monate können das aber sehr wohl. Und man kann hinzufügen – noch. Denn mit Ende des ersten Lebensjahres, ziemlich genau im zehnten Lebensmonat, wird dieses Wissen aussortiert. Laute, die in der jeweiligen Muttersprache nicht vorkommen, werden sozusagen ein unnützes Wissen. Jedes Baby wird also in diesem Alter Spezialist seiner eigenen Sprache.

Neurowissenschaftler bezeichnen dies mit dem Schlagwort *use it – or lose it* – »benutze es oder verliere es«. Das Phänomen beschreibt ganz allgemein ein Prinzip unseres Gehirns, das auch später Erwachsene in anderen Bereichen betreffen kann. Genau betrachtet, erlernen Kinder also nicht ihre eigene Sprache, sondern sie *ver*lernen die anderen. Für zwei- oder mehrsprachige Familien gilt deshalb die Devise, bereits von klein auf, in diesen Sprachen mit dem Baby zu sprechen. Am besten eignet sich jeweils jene Sprache, welche man selbst als Kleinkind gehört und gesprochen hat.

Das hochdifferenzierte Gehör kleiner Kinder, die mehr zu hören vermögen als wir Erwachsenen, mag auch ein Phänomen erklären, das Kindertherapeuten immer wieder auffällt. Spricht die Mutter über etwas für sie Belastendes, fängt das Baby an zu weinen. Sprachklang und Sprachmelodie dürften für Babys eine wichtige Informationsquelle sein. Sie entspannen sich beim sorglosen vor sich Hinreden der Eltern, lieben eine Art Klangwolke, die sie im Alltag umgibt, und schlafen unter Umständen mitten im familiären Stimmengewirr ein. Bei Stress, Angst oder Zorn in ihrer Umgebung werden sie aber ebenfalls unruhig und beginnen manchmal sogar zu weinen. Es scheint, als könnten sie Gefühle *hören*. Diese wirken sich ja wirklich auch auf die Muskeln des Sprechapparates aus. Redner und Sänger nehmen das oft ganz bewusst an sich selbst wahr. Sind sie aufgeregt, kann die Stimme plötzlich belegt sein und anders klingen.

Auf unserer Station gibt es oft die Empfehlung, nicht vor dem Kind über die Belastungen und Probleme, die es den Eltern macht, zu sprechen. (Was zugegeben schwer sein kann.) Bei Kindern über sieben Monaten ist diese Empfehlung fast die Regel, da Kinder in diesem Alter auch schon Inhalte des Gesprochenen verstehen können. Wir mussten diese Devise aber auch schon bei ganz kleinen Babys ausgeben. Möglicherweise hängt das mit der Sprachmelodie zusammen. Achtet man darauf, kann man sogar als Erwachsener bei Klagen eine dafür ganz typische Melodie heraushören. Sie ist etwas monoton, wiederholend und mit einer Art tiefster Betonung in der Mitte des Satzes: »Jetzt hat er *schon wieder* das und das getan …«

Wenn menschliche Babys schon von Anbeginn an eine so natürliche Vorliebe für Menschen haben, wenn bereits Neugeborene mit so einer Fülle von Fähigkeiten zur Kommunikation ausgerüstet sind, so hat dies zweifellos seine Bedeutung. Die eindrücklichen Ergebnisse der Säuglingsforschung lenkten den Blick der Forscher zunehmend auf die wichtigsten Kommunikationspartner des Babys – die Eltern. Könnte es da ein dazu passendes Verhalten geben?

Bereits bei der Untersuchung der Sprechweise Erwachsener einem Baby gegenüber wurden sie fündig. Sie entdeckten eine Art spiegelbildliches Gegenstück. Auch wir Erwachsenen haben Babys gegenüber spezielle sprachliche Fähigkeiten. Sie fallen uns selbst nur nicht auf. Die Säuglingsforschung hat herausgefunden, dass wir Erwachsenen gegenüber Babys zum Beispiel anders sprechen als gegenüber anderen Erwachsenen.

»Guuten Mooooorgen!«, und gleich noch einmal, nur mit leicht geringerer Betonung auf den Os: »Guten Mooorgen!« Dazu reißen wir die Augen auf und halten das Lächeln übertrieben lang im Gesicht. Was in der Säuglingsforschung als Ammensprache und Spielgesicht bezeichnet wird, ist vielen Erwachsenen gar nicht bewusst. Was man ganz intuitiv und selbstverständlich macht, ist uns ja auch sonst nicht der Rede wert.

Die Gegenprobe können Sie machen, indem Sie Ihren Chef einmal so begrüßen. Der macht dann wahrscheinlich auch große Augen. Allerdings aus einem anderen Grund.

Es war das Forscherehepaar Hanus und Mechthild Papousek, das sich intensiv mit dem sogenannten »intuitiven Elternverhalten« auseinandergesetzt hat. Mechthild Papousek war es auch, die in den Neunzigerjahren anlässlich einer GAIMH-Tagung (German

Assoziation of Infant Mental Health) über den Beginn ihrer Arbeit einmal meinte: »Wir haben uns gefühlt wie Biologen, die eine neue Tierart entdecken.« Die neue Tierart, von der sie sprach, waren wir Menschen.

Das Spannende: Intuitives Elternverhalten ist etwas typisch Menschliches. Es beschreibt etwas, was alle Menschen der verschiedensten Nationen auf der ganzen Welt mit ihren Babys und kleinen Kindern gleichermaßen und fast identisch machen.

Rund um den Globus sprechen Eltern mit ihren Babys auf eine ganz bestimmte Weise. Erstens erhöhen sie die Stimmlage. Zweitens vereinfachen sie die jeweilige Sprache. Drittens machen sie durch Betonung das Charakteristische der jeweiligen Sprache überdeutlich. Und viertens wiederholen sie immer wieder einzelne Worte. Solange Kinder noch nicht selber sprechen können, sprechen Eltern oft nicht nur ihren eigenen Part, sondern – nach einer kurzen Pause – auch den ihres Kindes (vgl. »Bei Handlungen sprechen« und »Spiegelndes Sprechen« im Kapitel »Mit dem Baby sprechen« in Teil 3).

Ammensprache ist ein international und interkulturell gültiges intuitives Phänomen. Sprachwissenschaftler haben nachgewiesen, dass Babys genau diese Form der Sprache optimal für ihren Spracherwerb nützen können. Es ist genau das, was ein Baby braucht, um die jeweilige Sprache zu erlernen.

Wenn Sie Ihren Chef also so begrüßen, wird er sich nicht nur darüber wundern, dass Sie so hoch und überdeutlich sprechen und warum Sie ihm gleich zweimal hintereinander »Guuten Moorgen« wünschen. Er würde sich auch fragen, warum Sie ihn dabei dermaßen übertrieben lange anlächeln.

Die mimischen Ausdrücke von Gefühlen übertrieben lange im Gesicht zu halten, ist nämlich ebenfalls Ausdruck intuitiven Elternverhaltens. Ob Lächeln, bei Unbehagen die Stirn runzeln oder der Ausdruck des Erschreckens – kommunizieren wir gerade mit Babys, so passen wir unser Mienenspiel an. Wir belassen dann die jeweilige Miene länger im Gesicht.

Für Babys ist das ganz wunderbar, dass wir sowohl sprachlich als auch mimisch so übertreiben. Sie haben ja eine längere Reaktionszeit als wir Erwachsenen. Indem wir für das Baby vieles übertreiben, verlangsamen und dadurch verdeutlichen, machen wir es ihm leichter uns zu verstehen. Zwischen Wichtigem und Unwichtigem unterscheiden zu lernen, ist ja ganz allgemein für Babys die Basis, um sich in der Welt zurechtzufinden.

Für den Alltag zu Hause reicht es einfach zu wissen, dass die Ammensprache zum Baby passt wie der Schlüssel zum Schloss. Sowohl Mütter als auch Väter machen das gleichermaßen und ohne viel darüber nachzudenken. Eine Zeit lang wurde die Ammensprache speziell von intellektueller Seite her hinterfragt. Die Devise damals war, man solle doch mit Babys so sprechen, wie es auch unter Erwachsenen üblich ist. Dass mag vielleicht für spezielles Vokabular – wie »Hundi« statt Hund oder »Handi« statt Hand – gelten, nicht aber bezüglich der *Sprechweise* von Erwachsenen. Da wird normalerweise Wort an Wort – ohne Abstand und Pause – aneinandergereiht. Silben werden verschluckt. Lange Sätze gesprochen. Auch Wiederholungen gibt es meist keine.

Auch wir, als Deutsch sprechende Erwachsene, könnten aus einem zufällig mitgehörten Gespräch zwischen zwei erwachsenen Koreanern kaum ein paar sinnvolle Vokabeln wiedergeben. Ganz anders wäre das hingegen, wenn wir einem Gespräch zwischen einer koreanischen Mutter mit ihrem Baby zuhörten. Bei all den Wiederholungen und Verdeutlichungen wäre es gut möglich, dass wir da ganz nebenbei ein paar Brocken Koreanisch aufschnappen könnten.

Bindung und Hierarchie

Befasst man sich mit intuitiven, auf der ganzen Welt für alle Eltern und Babys gültigen Phänomenen der frühen Kindheit, so landet man unweigerlich bei dem Thema *Bindung*.

Was uns im Alltag so selbstverständlich erscheint – nämlich, dass ein Baby, das allein gelassen wurde, protestiert, weint und nach seiner Mutter sucht –, basiert in Wirklichkeit auf einem ganzen System, dem sogenannten Bindungssystem.

Unter Bindung versteht man eine in ihrer jeweiligen Art einmalige Beziehung zwischen zwei Menschen, die nicht austauschbar ist. Seit John Bowlby, dem Begründer der Bindungslehre, gilt die emotionale Bindung, die ein Kind im ersten Lebensjahr zu seinen Bindungspersonen aufbaut, als einer der zentralen Faktoren der frühkindlichen Entwicklung. Unzählige wissenschaftliche Arbeiten und Forschungen haben sich damit beschäftigt oder haben darauf aufgebaut.

Kaum werden Babys mobil, werden sie von der Natur mit einer Art Sicherheitsprogramm versorgt. Ist ein Baby nämlich imstande, sich bereits selbstständig von seinen Eltern zu entfernen – nämlich wegzukrabbeln oder davonzulaufen, könnte es natürlich gefährlich werden. In dieser Entwicklungsphase beginnen Babys deshalb auch ein Stück auf sich selbst aufzupassen. Sie achten zum Beispiel darauf, dass die Eltern in Sichtweite bleiben, und folgen ihnen nach, wenn diese weggehen. »Ich komme gleich wieder, ich gehe doch nur auf die Toilette!« Nein, für eine Zeit lang wird das jetzt nicht so locker gehen. Da gibt es Protest!

In regelmäßigen Abständen benötigen Krabbelkinder sogar mehr als nur eine *sichtbare* Bestätigung, dass auch sicher jemand da ist. Immer wieder brauchen Krabbelkinder auch wirklichen kurzen Körperkontakt. »Also, was willst du jetzt? Gerade wolltest du hochgenommen werden und jetzt willst du schon wieder hinunter?!« Eltern ist der Sinn dahinter nicht immer ganz klar. Im englischsprachigen Raum wird von *touch and go* gesprochen – »berühren und weggehen«. Man kann es auch »auftanken« nennen. Denn das ist es, was eigentlich passiert. Das Baby holt sich Kraft und Sicherheit, um – weiterspielen zu können. Auf einer Tankstelle bleibt man ja auch nicht ewig stehen.

Kernstück dieser Bindungslehre ist ein Test, bei dem es um Trennung von einer Bindungsperson geht. Die Frage dahinter lautet: Wie bewältigt ein Kind im Alter zwischen zwölf und achtzehn Monaten eine solche Stresssituation? Die Trennung dauert zwar nur wenige Minuten, verschärft wird diese aber dadurch, dass dabei für das Kind alles fremd ist. Es soll weder den Raum, in dem der Test stattfindet, noch die fremde Person kennen, die ihm dabei beistehen soll.

Die Reaktionen der Kinder, so fand man heraus, kann man in vier typische Gruppen unterteilen, je nach Bindungstyp. Verkürzt ausgedrückt kann man sagen, dass ein »sicher gebundenes« Baby anfänglich wie erwartet weint und protestiert, sich aber letztendlich durch die fremde Person, zumindest vorübergehend, trösten lässt. Kommt die Mutter zurück, ist der Schreck schnell vergessen. Diese Kinder begrüßen die Mutter freudig und spielen dann bald weiter. So simpel funktionieren aber keineswegs alle Kinder. Manche – und die bezeichnet man dann als »unsicher gebunden« – reagieren da ganz anders. Die »Vermeider« bleiben nach außen cool und ignorieren das Weggehen der Mutter gänzlich. (Haben aber anscheinend den größten Stress, denn die Stresshormone sind bei ihnen am höchsten.) Die »Ambivalenten« wiederum sind im wahrsten Sinne untröstlich und können gar nicht aufhören zu weinen. Sie lassen sich eventuell weder zuerst von einer anderen Person von ihrem Kummer ablenken noch von der Mutter selbst, wenn diese längst zurückgekommen ist. Manche ignorieren die Rückkehr der Mutter sogar. Der Kummer hallt noch lange nach. Eine kleine Gruppe von Kindern kann auch »chaotisch« (desorganisiert) reagieren. Sie schlagen zum Beispiel wiederholt mit dem Kopf oder erstarren oder blicken in die Leere. Sie scheinen von der Trennungssituation überhaupt gänzlich überfordert.

Details zu diesem Thema würden zweifellos die Aufgabe dieses Buches sprengen.

Was grundsätzlich für Eltern daran interessant sein kann, ist, dass sich ähnliche (innere) Reaktionen auch im späteren Liebesleben mit »Bindungen« des Erwachsenenlebens wiederholen können: Wie gehen wir Erwachsenen mit Trennungen von unserem Liebespartner um? Begrüßen wir ihn freudig bei der Rückkehr oder schmollen wir noch tagelang, aus für uns unerklärlichen Gründen? Wie vorbehaltlos können wir uns überhaupt auf eine Liebesbeziehung einlassen? Schützen wir uns schon vorauseilend vor Verlust? Was wir selbst in unseren ersten Bindungen erlebt und erlernt haben, hat sowohl Auswirkungen auf uns selbst, wenn wir erwachsen sind und Partnerschaften eingehen, als auch auf unsere Kinder.

Was die Wissenschaft noch herausgefunden hat und für Eltern eine wichtige Information beinhaltet: Das Bindungssystem des Kleinkindalters ist charakterisiert durch eine klare Hierarchie der Bindungspersonen. Das wird sich später noch ändern. Aber im

Kinderzimmer der ganz Kleinen herrscht sozusagen noch eine strenge Rangordnung. Die wichtigste und »sicherste« Person ist die, die das ganz kleine Baby bisher hauptsächlich versorgt hat. Üblicherweise ist das eben die Mutter. Nachgeordnet sind dann all die anderen Personen, die dem Kind vertraut sind – Papa, Oma, Tante, Opa, Geschwister usw. Bei Schmerz, Schreck und Not wird immer die erreichbare Wichtigste dieser Rangordnung aufgesucht. Ist Mama nicht da – dann Papa. Ist Papa auch nicht da, dann eben Oma usw. Ist die Not besonders groß oder die Zeit zu lange, reicht das unter Umständen allerdings nicht mehr aus. Dann muss schon wieder Mama her.

Das Grundprinzip zu kennen, hat eine sehr praxisnahe Bedeutung. Kommt in manchen Familien die Zeit, in der ein Vater auch einmal alleine und längere Zeit auf das Kind aufpassen will, wollen manche Mütter gerne sichergehen, dass auch alles klappen kann. Lässt es sich von Papa überhaupt trösten? Ist die Mutter anwesend, kann sie aber gar nicht überprüfen, wie das Kind sich von Papa trösten lässt. Mama ist ja da. Das funktioniert anscheinend ähnlich wie ein Phänomen, das in der Quantentheorie beschrieben wird. Das Beobachten verändert das Beobachtete.

Auch Paare, die von Anfang an eine partnerschaftliche Elternschaft geplant haben, können durch dieses Prinzip verunsichert werden. Wie kann Gleichheit hergestellt werden, wenn das Kind so eindeutige Unterschiede macht? Zur Sorge gibt es aber gar keinen Grund. Das Ziel des Kindes ist das gleiche wie das der Eltern: Es will zu beiden Eltern letztendlich eine gleichwertige Nähe herstellen. Das erfolgt eben nacheinander und schrittweise.

Die Erkenntnisse der Bindungslehre hatten vielfältige Auswirkungen. Dazu gehört beispielsweise, dass Eltern heutzutage, ganz selbstverständlich, gemeinsam mit ihren erkrankten Kleinkindern im Krankenhaus mit aufgenommen werden können. Das war früher nicht so. Zum Umdenken der Kinderärzte hatte ein 1952 vom Bindungsforscher James Robertson gedrehter Dokumentarfilm geführt. Minutiös und detailliert machte er darin das Trennungsdrama eines kleinen zweijährigen Mädchens sichtbar, das alleine und ohne Eltern in die Klinik muss, um operiert zu werden.

Auch weitere Forschung baute auf der Bindungslehre auf. Was das Prinzip der Bindung so bedeutungsvoll machte, war die Möglichkeit, in diesem Test »Bindungstypen« zu unterscheiden. Findet man Unterschiede, kann man nämlich Kategorien erstellen. Diese kann man dann wieder mit anderen Fakten in Zusammenhang bringen. Die Forschung funktioniert in dieser Hinsicht ganz ähnlich, wie auch Babys denken.

Das deutsche Forscherpaar Klaus und Karin Grossmann machte genau das und noch dazu über viele Jahre hinweg. In sogenannten Langzeitstudien begleiteten sie Kinder ausgehend vom Bindungstest im Alter zwischen zwölf bis achtzehn Monaten bis teilweise hinauf ins junge Erwachsenenalter. In diversen Altersstufen wie zum Beispiel in Kindergarten und Schulzeit testeten sie dann Faktoren wie soziale Kompetenz, Selbstsicherheit und Selbstständigkeit der Kinder. Wie lösen die Kinder aus den diversen Gruppen späterhin auftauchende Konflikte? Haben sie viele Freunde? Wie ausdauernd und fantasiereich spielen sie? Wie sehr können sie sich konzentrieren? Wie gehen sie mit Frust, Ablehnung und Enttäuschung um?

Zur Überraschung der Forscher konnten sie zwar nachweisliche Zusammenhänge zwischen Bindungstest und späteren Eigenschaften der Kinder herstellen. Aber klar schien dieser Zusammenhang vor allem bezüglich der Bindung zu den Müttern. Das Prinzip zwischen Babys und ihren Vätern schien irgendwie anders zu funktionieren.

Erst als die Forscher als Ausgangstest einen eigenen Spieletest für Väter entwarfen, ergab sich ein vollständigeres Bild. Eigentlich ist der Test sehr simpel. Zehn Minuten lang spielen Väter gemeinsam mit ihren zweijährigen Kindern mit kreativem Spielmaterial, wie Knetmasse. Es gibt keine vorgegebenen Spielregeln. Die wissenschaftliche Bewertung der kleinen Spielszene erfolgt dann nach einer Skala, der »SCIP scale«. Bereits der Namen der Bewertungsskala sagt aus, um was es im Wesentlichen dabei geht. Denn die vier Anfangsbuchstaben stehen für »**s**ensitively **c**hallenging **i**nteractive **p**lay« (»feinfühliges herausforderndes interaktives Spiel«). Dabei geht es also um den Balanceakt, in einem Dialog mit dem Kind gleichzeitig einfühlsam als auch herausfordernd zu sein. Das

Kind weder zu unter- noch zu überschätzen und es gleichzeitig Vertrauen in die eigenen Fähigkeiten entwickeln zu lassen.

Je ausgeprägter die »Spielfeinfühligkeit« der Väter nachweisbar war, umso positiver gestalteten sich auch die später getesteten Entwicklungsschritte der Kinder.

Die Forscher waren auf unterschiedliche Systemkreise von Vätern und Müttern gestoßen.

In Kurzformel zusammengefasst scheinen Kinder zwei, über unterschiedliche Mechanismen laufende Sicherheitsnetze zu haben. Das eine, von der Mutter geknüpfte Netz, steht mit der sicheren Bindung an sie in Zusammenhang. Das vom Vater ausgehende Sicherheitsnetz steht im Zusammenhang mit seinem einfühlsamen Spiel. Daran kann es von der Wissenschaft zumindest getestet werden.

In einem Interview mit der Erziehungsberatungsstelle KJF Regensburg fasste Karin Grossmann ihre langjährige Arbeit folgendermaßen zusammen: »Wir fanden heraus: Ja, es geht auf die Feinfühligkeit der Mutter und die Feinfühligkeit des Vaters zurück – auf die Feinfühligkeit der Mutter im Unwohlseinsbereich und die Feinfühligkeit des Vaters im Spielbereich. Eine weitere Tatsache war, dass ein Kind eigentlich zwei Eltern braucht: Der eine unterstützt die Selbstständigkeit – wir nannten das auch sichere Exploration für die Kompetenz – und die andere ist für die Organisation der inneren Gefühle zuständig« (Aktion Kontakte 2/2014, S. 30).

Genau besehen, handelt es sich eigentlich um zwei Polaritäten, die uns das ganze Leben begleiten. Einmal braucht es mehr das eine Prinzip und dann wieder das andere. Auch uns Erwachsenen sind solche Pole wohlbekannt. Sind wir krank, wollen wir jemanden, der uns versorgt und Tee bringt. Strotzen wir vor Energie, wollen wir eine Rafting-Tour machen oder auf einen Berg steigen. Wir wollen uns anstrengen, aber danach auch eine erholende Pause. Das eine schließt das andere nicht aus. Wir brauchen Sicherheit ebenso wie Abenteuer oder Weiterentwicklung. Das eine Mal brauchen wir diese Qualitäten, das andere Mal jene. Wir brauchen sowohl Vertrauen in andere – ebenso wie Vertrauen in uns selbst.

Ein sehr anschauliches Bild für das Kleinkindalter ist deshalb das entwicklungspsychologische Modell von der Mutter als Hafen und dem Vater als Bucht davor. Das Schiffchen Baby braucht beides – einen sicheren Hafen, den es zum Auftanken und bei Gefahr anlaufen kann, und eine Bucht davor, um für die hohe See des Lebens üben zu können. Dort in der Bucht geht es nämlich schon etwas herausfordernder (challenging!) zu als im Hafen. Man braucht unter Umständen Mut und Durchhaltevermögen, Selbstvertrauen und auch Strategien, um mit Misserfolgen zurechtzukommen. All das können Babys und Kleinkinder beim Spiel mit ihren Vätern erlernen.

Denn auch das hat die Forschung herausgefunden: Speziell beim Spielen unterscheiden sich Vätern und Mütter voneinander. Väter spielen wilder. Sie spielen mehr Körperspiele. Das allseits bekannte »Bitte nicht so wild! Sei vorsichtiger!«, was Mütter so oft ausrufen und Väter immer wieder zu hören bekommen, findet hier seine wissenschaftliche Begründung. Väter legen Spielzeug auch nicht so bequem nahe, dass es das Baby leicht erreichen kann. Da muss sich das Baby eben manchmal anstrengen.

Stößt man auf solche Unterschiede, ist es für die Forschung natürlich spannend, sich etwas mehr mit dieser Unterschiedlichkeit zwischen Vater und Mutter zu beschäftigen. Hat Mutter- und Vaterrolle etwas mit dem Geschlecht zu tun?

Wer ist Mutter? Wer ist Vater?

Die Elternforschung hat Interessantes ergeben. »Mutter« ist die Person, die für das ganz kleine Baby von Anfang an zuständig ist. Es ist zwar so, dass es meist die Mütter (und damit Frauen) sind, die das kleine Baby versorgen. In Fällen, in denen aber der Vater das Baby von Anfang an betreut, entwickelt auch dieser die ganz gleichen Muster. Die Unterschiede zwischen Vätern und Müttern (und ich kann es aus der Praxis bestätigen) sind nicht geschlechtsgebunden. Das zu wissen ist auch hilfreich bei den Debatten über Adoptionen durch gleichgeschlechtliche Paare oder Transgender. Wird eine gleichberechtigte Elternschaft geplant, empfiehlt es sich, für das erste Halbjahr eine Ausnahmezeit und dezidiert eine »Mutterfigur« zu planen. Als »Mutterfigur« sehen die Entwicklungspsychologen diejenige Person, die von Anfang an das ganz kleine, noch hilflose Wesen hauptsächlich versorgt und deshalb eine besondere Sensibilität und Einfühlungsvermögen entwickeln muss. Diejenige wird dann Spezialist für die Bedürfnisse des hilflosen Babys. Naturgegeben schätzt diese keine allzu wilden Spiele und platziert letztendlich das Spielzeug meist möglichst erreichbar.

Sind Väter von Anbeginn an für ein kleines Baby alleine verantwortlich, so machen sie es sehr ähnlich wie Mütter. Sie entwickeln ebensolche Fähigkeiten und auch ebensolche Bedürfnisse wie auch Mütter. In meiner Arbeit bin ich wiederholt »mütterlichen« Vätern begegnet. Manche hat das Schicksal zum Teil ganz unvermutet in diese Rolle gebracht und sie haben das ganz hervorragend gelöst. Solche Väter geraten mit ihren speziellen mütterlichen Fähigkeiten beginnend mit dem zweiten Halbjahr des Kindes aber auch ebenso wie Mütter an typische Grenzen. Die nur mütterlichen Lösungsmodelle reichen dann meist nicht mehr aus. Auch in diesen Fällen stellt sich dann die Frage: Wo ist jetzt der »andere«, der Gegenpol, der »Vater«?

Die gleiche Frage kann sich auch bei Sorgenkindern stellen. Denn gab es zum Beispiel eine medizinisch dramatisch bedrohliche Vorgeschichte, schalten nicht selten *beide* Eltern auf den Modus »mütterlich«. Was in den ersten Monaten ganz wunderbar funktioniert und durchaus Sinn macht, kann sich spätestens bei Einjährigen ändern. Ist nämlich auch das zweite Halbjahr »babyhaft« ohne väterlich beeinflusste Veränderung vergangen, kann es neuerliche Probleme geben. Obwohl zwischen den Eltern harmonische Eintracht herrscht, können manche dieser Kleinkinder unerwartete Probleme entwickeln. Sie wollen nicht essen, haben Schwierigkeiten einzuschlafen oder verzögern ihre Entwicklung. Rätselhaft sind diese Probleme nicht, wenn man bedenkt, dass sich ein Kind im Kleinkindalter mithilfe des Vaters von seiner Mutter sozusagen »emanzipieren« muss. Es will Abhängigkeiten abbauen und eigene Kompetenzen entwickeln. Hat man aber sozusagen zwei Mütter, die noch dazu einer Meinung sind, und keinen Vater, der diese Meinung relativiert, ist dieser Entwicklungsschritt für manche Kinder doppelt schwierig!

Dafür gibt es viele Lösungswege. Einer davon kann der gleiche sein, wie ihn auch Alleinerziehende, oft ganz intuitiv oder auch aus praktischen Gründen, finden. Auch hier gilt der Satz: *Was der Mutter hilft, hilft auch dem Baby.* Nämlich nahestehende Menschen einzubinden, welche die Vaterrolle übernehmen könnten. Diese hängt, wie wir inzwischen wissen, nicht unbedingt am Geschlecht. Voraussetzung dafür ist natürlich, dem Kind soziale Kontakte überhaupt zu ermöglichen. Was sich in Großfamilien meist unkompliziert und unbeachtet von selbst ergibt, muss man in Klein- und Kleinstfamilien unter Umständen erst gezielt herbeiführen.

Bei der bewussten Auswahl kann man sich aber dann geradewegs vom Kind selbst leiten lassen. »Sie ist ganz verrückt nach dem Opa!« oder »Wenn meine Schwester kommt, hat er nur noch Augen für sie!« sind ganz typische Anzeichen, die man ernst nehmen kann. Stehen einem Kind mehrere unterschiedliche Erwachsene als Modell zur Verfügung, so machen es schon Kleinkinder wie Pflanzen und lassen ihre Wurzeln genau dorthin wachsen, wo es das gibt, was sie gerade brauchen. Sieht man sich im frühkindlichen Alter dann genauer an, was diese »Lieblingserwachsenen« denn eigentlich tun, um so beliebt zu sein, findet man häufig ein typisches Vaterverhalten. Was darunter gemeint sein kann, steht im nächsten Kapitel.

II. DIE GROSSE AUFGABE DES VATERS

3. Über Autos und Autonomie

Baby Carl und sein Onkel

Ein Beispiel hinreißend väterlichen Verhaltens – in diesem Fall von einem jungen Onkel – verdanke ich einer meiner Studentinnen.

Sie betreut den kleinen **Carl**, einen nicht ganz Eineinhalbjährigen mit Ess- und Gedeihproblem. Nach der Geburt war es für ihn und seine Eltern sehr schwierig gewesen. Carl musste operiert werden. Sogar eine Grunderkrankung stand lange zur Debatte. Kein Wunder, dass auch Carls Vater auf mütterlichen Modus schaltete. Dieses Baby musste man anfänglich wirklich sehr schonen. Jetzt als Kleinkind gibt es aber erneut Probleme. Carl isst extrem wenig. Isst er mit seinen Eltern, wendet er sich schnell vom Essen ab. Nur mühsam kann er mithilfe ablenkender Maßnahmen, wie Spielzeug präsentieren und Ähnlichem, wenigstens zu ein paar Löffeln Brei animiert werden. Alle machen sich Sorgen um sein Gewicht. Hat er eventuell doch eine Grunderkrankung?

Den Eltern ist aber aufgefallen, dass das Kind seinen jungen Onkel direkt anhimmelt. Er habe bei ihm sogar schon mehrmals besser gegessen. Wie interessant! Was könnte die Ursache sein? Um der Sache nachzugehen, bitte ich die Studentin, das nächste Mal ein Video von Carl und seinem Onkel mitzubringen. Bei einer gefilmten Essszene sollte der Onkel, ganz unbeeinflusst von der bisherigen Vorgehensweise der Eltern, die Mahlzeit so gestalten, wie er selbst es passend fände. Er wird also ausdrücklich dazu aufgefordert, es diesmal anders als die Eltern und ganz auf seine eigene Weise anzulegen.

Und wirklich! Die Eltern hatten das Phänomen zwischen Carl und seinem jungen Onkel sehr einfühlsam beobachtet. Das Video beginnt damit, dass Carl bei seinem Onkel auf dem Schoß sitzt. Am Tisch vor ihnen steht ein Teller mit Pizzaschnitten. Der junge Mann macht überhaupt keine Anstalten, Carl zu füttern, sondern greift erst mal selbst zu und beißt herzhaft ab. Carl dreht sich abwehrend leicht zur Seite. Offensichtlich befürchtet er, dass er wieder einmal gefüttert werden soll. Womöglich ist dieser Bissen für ihn gedacht!? Nein, das will er keinesfalls! Als die Pizza aber auf direktem Weg im Mund des Onkels verschwindet, scheint sich Carl zu wundern. Mit einer Kopfdrehung und einem langen Blick nach oben hinten beobachtet er den kauenden Onkel. Als sich das beim zweiten Bissen erneut wiederholt, beginnt sich Carl langsam für den Teller vor ihm zu interessieren. Beim dritten Bissen, den der Onkel isst, wird Carl aktiv und taucht bereits seine Finger in die auf dem Teller liegende Pizza. »Magst du auch ein Stück Pizza?«, fragt der Onkel jetzt und hebt verlockend ein Stück davon über den Teller. Das Kind zögert. Der Onkel wartet. Dann reckt Carl den Kopf nach vorne und beißt herzhaft ab. Der Bann ist gebrochen. Im Weiteren sieht man einen vergnügt essenden Carl, der abwechselnd mit seinem ungeniert selbst essenden jungen Onkel die Pizza verputzt. Ich bin restlos begeistert.

Der junge Mann im Video behandelt Carl nicht wie ein Baby mit Essproblem, sondern wie seinen Kumpel, mit dem er ein Bier trinken geht. Gut, der Kumpel sitzt auf seinen Knien, das ist schon ungewöhnlich. Aber davon abgesehen, ist alles wie sonst. Man isst und hat gute Stimmung. Kleinkinder lieben so etwas.

Carls Essprobleme haben also nichts mit einer möglichen Grunderkrankung zu tun. Dass er bei seinem Onkel etwas macht, was er bei beiden seiner mütterlich gestimmten und besorgten Eltern nicht macht – nämlich mit Appetit essen –, hat einen anderen Zusammenhang. Es hat sowohl etwas mit Carl als auch mit seinem Onkel zu tun.

Das, was hier wie Schlüssel und Schloss zusammenpasst, ist einerseits Carls Alter und andererseits die Grundeinstellung des jungen Onkels. Dieser entspringen viele kleine Handlungen und spontane Entscheidungen, auf die wir im Laufe dieses Buches noch zurückkommen werden.

Dass mich Carls Video so restlos begeisterte, mag sowohl Mütter als auch manche Väter verwundern. Denn eigentlich macht dieser junge Mann – frei von allen Sorgen, die Eltern kranker, nicht essender Kleinkinder belasten – eigentlich nichts anderes, als was Väter üblicherweise auch so machen. Nämlich ziemlich relaxed das Baby am eigenen Leben teilhaben lassen. Baby Carls Onkel isst gerne Pizza. Er ist selbst hungrig, also isst er. Er macht sich da keinen großen Kopf darüber. Verlegt man gedanklich die gleiche Situation ein Jahr zurück und stellt sich einen viermonatigen Carl mit Trinkproblemen vor, so hätte diese »Kumpelstrategie« des Onkels mit ziemlicher Sicherheit nicht so gut gegriffen. Mit vier Monaten ist man als Baby nämlich wirklich noch sehr auf mütterliche Versorgung angewiesen. Müttern ist das völlig klar.

Aber auch bei Eineinhalbjährigen habe ich noch selten erlebt, dass eine Mutter, noch dazu bei Fütterungsproblemen, zuerst einmal selbst genüsslich ihre Pizza isst und sie *nicht* zuerst dem Kind anbietet. Im Gegenteil: Mütter »vergessen« in solchen Fällen gar nicht selten das eigene Essen, sie verzichten unter Umständen darauf oder verschieben es. So machen das Mütter kleiner Babys bei vielen ihrer eigenen Bedürfnisse. Baby geht vor.

Für Baby Carls Entwicklungsalter von vierzehn Monaten aber ist die typisch väterliche Vorgehensweise des Onkels ganz wunderbar. In einem Alter, in dem Beobachten, Nachahmen und eigenständiges Handeln zentral werden, ist das simple »Selberessen« des Erwachsenen genau das Passende. So gibt es für das Kind ein Modell, dem es nacheifern kann. Im Zuge der Entwicklung neuer Fähigkeiten wachsen Babys genau in solche väterlichen Strategien hinein. Ein wenig funktioniert das wie mit der Größe der Babybekleidung. Was ursprünglich zu groß war – passt jetzt wie angegossen.

Im Laufe des Buches wird Carls Geschichte noch einige Male auftauchen. Sein junger Onkel hat nämlich bis ins Detail den richtigen Draht gefunden. Was dieser junge Mann ganz intuitiv und wie selbstverständlich tut, ist genau das, wovon Kleinkinder in Carls Altersklasse so profitieren können.

Um es zu verstehen, muss man sich zunächst Carls Entwicklungsalter genauer ansehen.

Ein Auto fährt »selbst«

Mit seinen vierzehn Monaten ist Carl mitten in einem zentralen Entwicklungsprozess. Es ist der erste große Schritt der Verselbstständigung. In seiner Hochblüte nehmen dies Eltern als »Trotzphase« wahr. Diese Entwicklungsphase beginnt Ende des sechsten Lebensmonats und reicht bis hinauf in das dritte Lebensjahr. Eigene neue Fähigkeiten wollen jetzt erworben werden und sollen zunehmend bisherige Abhängigkeiten des Kindes ersetzen. Erst wenn man etwas selbst kann, ist man nicht mehr bei allem auf Hilfe angewiesen. Vieles, was bisher von den Eltern kontrolliert wurde, will das Kind jetzt selber bestimmen. Es will erlernen, vieles selbst zu tun. Es geht um eigene Handlungspläne und eigenständige Entscheidungen. Es geht sozusagen um die »Autorschaft«. Kinder wollen jetzt keine Marionetten mehr sein, die ausschließlich nach den Plänen anderer funktionieren.

Für Erwachsene ist das Phänomen der Autonomieentwicklung gar nicht so leicht nachzuvollziehen. Haben wir selbst diese Phase in unserer Kindheit erfolgreich abgeschlossen, erscheint uns alles sonnenklar. Hat man selbst das Rätsel gelöst, scheint es gar kein Rätsel mehr zu geben.

Beginnend im zweiten Lebenshalbjahr machen sich Babys auf diesen langen Weg ihrer Verwandlung. Sie wollen ein eigenständiges »Ich« werden. Es gibt viele Zwischenetappen, es gibt Hürden und meist auch Rückschläge. Für ein Baby, das nicht sprechen und nachfragen kann, ist das nämlich ein sehr schwieriger Weg. Es gilt sowohl selbstbestimmte Einzelperson zu werden als auch Teil einer Gruppe. Es gilt sich einerseits abzugrenzen und dann auch wieder einzufügen. Nur durch Beobachtung und probeweises Handeln soll es ganz elementare Fragen lösen. Man könnte sie übersetzen in: »Wer bin ich? Was ist mein eigener Bereich? Wie machen das die anderen? Und wie passe ich da überhaupt dazu?«

Erste Informationsquelle dazu sind natürlich die Eltern. Will ein Baby zum Beispiel etwas über sich selbst erfahren, so beobachtet es, wie sich seine Eltern ihm gegenüber *verhalten*. Aha, so siehst du mich – so bin ich also. Als Baby kann man sich da bei seinen Eltern, aber auch bei anderen Erwachsenen, geradezu im Spiegel sehen.

Wie subtil Babys diese Botschaften verstehen, kann man sich anhand Carls kleiner Szene verdeutlichen. Was genau hat Carl bei seinem Onkel denn hier über sich selbst erfahren? Und umgekehrt: Wie hat ihm das der Onkel eigentlich vermittelt?

Fast alles spielt sich zwischen den beiden so ab wie zwischen Erwachsenen. Der kumpelhafte Eindruck entsteht durch eine Art Ebenbürtigkeit, die zwischen Carl und dem jungen Mann besteht. So essen Erwachsene miteinander. Keiner schiebt dem anderen den Löffel in den Mund. Das hat Carl sicher schon sehr bewusst wahrgenommen und auch, dass Erwachsene den Zeitpunkt, wann wer zu essen beginnt, selbst bestimmen.

Die wichtigsten Botschaften des Onkels entstehen, genau besehen, indem dieser Verschiedenes *nicht* tut. Der Onkel beginnt *nicht* zu füttern. Indem er es nicht tut und *wartet,* zeigt er damit gleichzeitig, dass er im wahrsten Sinn des Wortes etwas von Carl *erwartet.* Er erwartet offensichtlich, dass Carl das selbst kann; nämlich entscheiden, ob und wann dieser zu essen beginnen will. Der Onkel entscheidet nicht für ihn. Der Onkel versucht *nicht,* Einfluss zu nehmen. Andererseits reagiert er aber prompt auf Carls Köpersprache. Als dieser die Finger in die Pizza bohrt, übersetzt der Onkel das sofort in gesprochene Sprache: »Willst du auch ein Stück Pizza?«, und wartet wieder. Auch diesmal *erwartet* er etwas, nämlich eine Antwort. Diese Erwartungshaltung ist schon wieder die nächste Botschaft an Carl. Für Kleinkinder ist dieses Zuwarten eine unwiderstehliche Einladung. Sie scheinen zu begreifen, dass auf Antwort nur wartet, wer annimmt, verstanden worden zu sein. Auf Antwort warten heißt, dem anderen eine kompetente Antwort überhaupt grundsätzlich zuzutrauen. Carl versteht, dass der Onkel versteht, dass Carl ihn versteht.

Sieht Carl sich bei seinem Onkel im Spiegel, so sieht er dort jemanden, dem zugetraut wird, selbst zu entscheiden. Er sieht dort jemanden, dem zugetraut wird, Sprache zu verstehen, und von dem auch angenommen wird, eine eigene Meinung zu haben. Kurz gesagt: Carl hat erfahren, dass er in den Augen seines Onkels schon groß ist. Da bekommt man gleich auch großen Appetit!

Was man auf dem Videoausschnitt nicht sehen kann: Carl hat ein Lieblingsspielzeug. So wie viele andere Kleinkinder seines Alters, egal ob Jungen oder Mädchen, ist er fasziniert von kleinen Spielzeugautos. Das Besondere daran: Gibt man diesen Spielzeugen einen leichten Schubs – fahren sie alleine weiter. In der deutschen Sprache steckt lustigerweise sogar das Wort darin, welches diese Entwicklungsphase bezeichnet: Autonomie. Das Wort Auto kommt aus dem griechischem *autos* und bedeutet so etwas wie »selbst, persönlich, allein, für sich selbst«. Auto heißt also *selbst*. Ich fahre allein. Und genau das will ein Kind dieses Alters: Selbst entscheiden. Selbst planen. Selbst handeln.

Manche Kleinkinder, sowohl Mädchen als auch Jungen, besitzen eine ganze Sammlung dieser Spielzeugautos. Fast könnte man den Eindruck haben, dass sie symbolisch für all die kleinen selbstständigen Entscheidungen und Handlungen stehen, die Kinder dieses Alters erlernen wollen. Beobachtet man ihr Spiel, wie sie die Fahrzeuge anschubsen, zusehen, welche Bahn sie nehmen, ihnen nachkrabbeln, sie einsammeln, eine neue Route ausprobieren, scheint es fast, als würden sie dem Rätsel, wie man so selbstständig sein kann, auf die Spur kommen wollen.

Über Autos kann man sich sogar mitteilen.

So war es auch bei **Tom**, einem zweieinhalbjährigen Jungen. Er litt unter hartnäckiger Stuhlverstopfung – eines der typischen Probleme dieser Altersgruppe. Die Kontrolle über die eigenen Körperfunktionen zu übernehmen, ist ja eines der Hauptthemen, die es für Kinder zu dieser Zeit zu lösen gilt. Dazu gehört das selbstständige Essen, das Einschlafen und der Stuhlgang. Die Übernahme der Kontrolle darüber ist allerdings ein heikler Prozess. Gibt es Probleme dabei, springen schnell wieder die Eltern ein.

Auch bei Verstopfung, im wahrsten Sinne der »Kehrseite von Fütterungsproblemen«, kann man dadurch in eine Endlosschleife geraten. Dieses Problem führt manchmal genau dazu, dass sich Eltern sogar mehr einmischen müssen als sonst üblich. So war das auch bei Tom. Auf Rat seines Kinderarztes bekam er von seinen Eltern alle fünf Tage einen kleinen Einlauf. Das ist gar nicht lustig! Und so ziemlich das Gegenteil von Autonomie.

Auch Tom spielte besonders gerne mit diesen kleinen Autos

und besaß eine ganze Armada davon. Er positionierte sie nebeneinander auf einem Spielteppich, auf dem viele Straßen aufgemalt waren und sich wie Gedärme schlängelten. Waren die Autos alle aufgestellt, passierte aber überraschenderweise – nichts. Alle Autos blieben weiterhin stehen. »Ja, seine Autos fahren nie!«, bestätigte seine Mutter. Fragte man Tom selber: »Ja, fahren denn die Autos nicht?!«, antwortete er. »Nein, ist Rot.« Totaler Stillstand. So wie in Toms Bauch. Nichts ging weiter. Zumindest *das* bestimmte der kleine Junge ganz alleine. Müßig zu sagen, dass die Autos erst wieder fuhren, nachdem er sein Verdauungsproblem gelöst hatte. Er löste es vor allem durch seinen Vater und manche Tipps, die später in Teil 3 »Die kleinen Details« beschrieben werden.

Kleine Autos sind etwas, worüber man als kleines Kind selbstständig verfügen kann. Sie spiegeln aber auch, wie bei Tom, innere Vorgänge und Irrwege auf dem langen Weg zur Selbstständigkeit. Autos als Ganzes wiederum symbolisieren das, worum es Kindern dieses Alters besonders geht: Autos fahren alleine. Sie werden nicht an der Hand geführt oder von Punkt A nach Punkt B getragen. Sie können das ganz alleine.

Auch ganz allgemein könnte man vieles dieser Entwicklungsphase mit dem Erlernen des Autofahrens, wie wir Erwachsenen das kennen, vergleichen. Beides sind langwierige und komplexe Prozesse. Erst muss man Kontrolle über das Fahrzeug – oder eben über den eigenen Körper – erlangen. Viele kleine Handlungen müssen zuerst einzeln, für sich selbst, geübt und verinnerlicht werden. Wie startet man? Wie bremst man? Und bitte wo ist das Licht? Es gibt viele kleine Einheiten, die es zu erlernen gilt und die sich erst später zu einem sinnvollen Ganzen zusammenfügen werden. Sinneswahrnehmung, Feinmotorik und aktives Handeln müssen koordiniert werden. Vieles muss man wiederholen und wiederholen. Es geht um Lenken, Planen und Entscheiden. Man muss lernen, seinen eigenen Weg zu finden. Sogar die Verkehrsregeln kann man als die zu erlernenden sozialen Spielregeln betrachten. Wie fügt man sein eigenes Wollen in das der vielen anderen ein?

Denke ich selbst an den Prozess der Autonomieentwicklung, so taucht vor meinem inneren Auge immer ein spezielles Bild auf. Es ist die Situation, die sich mir bot, als ich eines Nachmittags auf die Station kommend, die dortige Eingangstür öffnete. Betritt man die Station, überblickt man sofort einen langen Gang, zu dem rechts und links jeweils die Türen zu den Patientenzimmern führen. Jedes Kind mit seiner Familie hat dort sein eigenes Zimmer. Zu diesem Zeitpunkt hatte es sich zufällig ergeben, dass weder sehr kleine Babys noch große Dreijährige auf der Station aufgenommen waren. Alle unsere kleinen Patienten waren also ungefähr im gleichen Alter, eben zu Beginn der Autonomieentwicklung. Alle konnten bereits krabbeln oder sich hochziehen, noch keines konnte frei und selbstständig gehen. Jedes von ihnen war mit seiner Mutter aufgenommen, und zufällig hatten alle Mütter an diesem Nachmittag ihre Zimmertüren gleichzeitig offen stehen.
Das Bild, das sich mir so eingeprägt hatte, war folgendes: Auf jeder einzelnen Türschwelle saß ein kleines Krabbelkind. Jedes von ihnen hatte sich haargenau auf der Grenze zwischen drinnen und draußen platziert. Und alle schauten mich gleichzeitig neugierig an. Noch heute tut es mir leid, dass ich davon kein Foto gemacht habe.
Viele Eltern werden mir bestätigen, dass sich Kinder dieses Alters auch zu Hause hingebungsvoll mit Türen beschäftigen können. Das Spiel geht so: Tür aufschwenken und zuschwenken. Die Tür aufmerksam von oben bis unten betrachten und diese dann wieder bewegen. Kurz hinaus in den anderen Raum schauen und sich gleich wieder zurückziehen. Und dann – alles gleich noch einmal.
Wenn man bedenkt, dass die Entwicklungsphase der Verselbstständigung eine Zeit des Überganges ist, nämlich die vom hilfsbedürftigen Baby zum aktiven Kleinkind, so kann man das Bild durchaus auch symbolisch interpretieren. Der Schwellenbereich zwischen drinnen und draußen mit seiner beweglichen Tür als Grenze dazwischen charakterisiert sehr schön das kindliche Dilemma dieser Entwicklungsphase. Hinter sich braucht man noch Rückendeckung durch den schützenden Raum mit der Mutter – vorne aber lockt das Neue, die »Welt«. Gut, in unserem Fall war die Welt nur der öffentliche Klinikgang. Aber auch dort kann es aben-

teuerlich zugehen; zum Beispiel, wenn unerwartet andere Kinder, Krankenschwestern oder fremde Besucher auftauchen oder wie in diesem Fall – ich, die Kinderärztin.
Ein besonders abenteuerlustiges Kind war fast schon gänzlich alleine auf dem Gang und hatte nur noch die Fußspitzen im Zimmer der Mutter. Ein eher vorsichtiges steckte nur den Kopf heraus. Alle aber waren bereit, sich bei Gefahr sofort wieder zu ihren Müttern zurückzuziehen, und alle waren gleichzeitig so unendlich neugierig auf das so andere Leben da draußen.
Sich alleine und ohne Mutter hinaus in die Welt zu wagen ist das große Abenteuer der Kleinkinder. Wie gut, wenn man da einen starken Freund hat, der einen begleitet. Der Steckbrief lautet: Er soll nicht die Mutter sein, aber fast so vertraut. Er soll anders als die Mutter sein und trotzdem ihr Vertrauen besitzen. Er soll liebevoll zur Mutter sein, damit man ihm selbst vertrauen kann. Wer könnte das sein?

Projekt Vater: ein Dreistufenplan

In vielen Geburtskliniken gibt es einen Brauch: Der Vater wird dazu aufgefordert, mit einer Schere die Nabelschnur zwischen Kind und Mutter zu durchtrennen. Symbolisch soll dies auf die große Aufgabe des Vaters verweisen – nämlich seinem Kind in die Verselbstständigung zu verhelfen. Die Versorgung durch die Mutter, die körperliche Abhängigkeit von ihr, wird damit sinnbildlich beendet. Das Kind soll ab jetzt selbstständig atmen und ein eigenständiges kleines Wesen werden.

Dass so mancher Vater diese Situation in etwas zwiespältiger Erinnerung haben mag, kann ich gut verstehen. Weder passt der Zeitpunkt noch ist das, was symbolisiert werden soll, auch nur annähernd radikal oder mit einem Schnitt vergleichbar. Trotzdem birgt es einen wahren Kern. Es ist eine Art Vorgriff auf spätere elementare Entwicklungsschritte des Kindes. Bei diesen wird dem Vater eine zentrale Führungsrolle zukommen. Für das Kind wird er dann gleichsam zum Orientierungspunkt, zum Vorbild, zum Grundmodell.

Obwohl »Verselbstständigung« während der langen Jahre der Kindheit ein fortwährender Prozess ist – wann beginnt es selbst seine Schuhe zu binden? Seine Hausaufgaben alleine zu machen? Alleine ins Kino zu gehen? –, so gibt es doch zwei Lebensphasen, in denen das Prinzip »selbstständig werden« für sich selbst zum Hauptthema wird. Zu diesen Zeiten wird der Vater, oder eben eine Vaterfigur, vom Kind ganz besonders gebraucht. Diese zwei Entwicklungsphasen sind so typisch, dass sie sogar allseits bekannte Namen tragen. Das eine ist die schwierige Zeit der Pubertät. Das andere ist die Trotzphase.

Wann Letztere ungefähr ihren Anfang nimmt, kann man sich direkt vom Wortstamm der Selbstständigkeit ableiten. Es ist das *selbst stehen,* das in dem Wort steckt. Beginnt ein Kind sich aufzuziehen, zeigt es an, dass sein Körper mobil geworden ist und es sich spätestens ab jetzt selbst fortbewegen will. Nicht nur für die Eltern, auch für das Kind selbst ist das ein Quantensprung. Um wirklich Kontrolle über seinen Körper zu erlangen, braucht es dafür aber auch seine *eigene* Schaltzentrale. Deshalb muss das Kind jetzt auch lernen, selbstständige Entscheidungen (über und mithilfe seines Körpers) zu fällen. Naturgegeben fallen diese öfters anders aus als jene der Eltern. Kurz gesagt: Das Trotzalter beginnt.

Man kann das Trotzalter, das bereits mit dem zweitem Lebenshalbjahr anfängt, sogar als »*kleine* Pubertät« bezeichnen. So viel Ähnliches steckt in diesen beiden tiefgreifenden Entwicklungsschüben. In beiden Fällen kann man den Kindern ihre inneren Veränderungen auch äußerlich geradezu ansehen. Beide bringen große Veränderungen für die gesamte Familie. Neue Spielregeln müssen her. Vieles muss sich jetzt ändern.

Die Kraft, etwas zu verändern, definiert die Entwicklungspsychologin Liselotte Ahnert ganz generell als eine der zentralen Fähigkeiten und Aufgaben des Vaters. Aus Familienstudien geht hervor, dass es vor allem der Vater ist, der Prozesse der Veränderung einleitet und vorantreibt. In ihrem Buch *Wieviel Mutter braucht ein Kind?* (2010) fasst Ahnert die vielen wissenschaftlichen Arbeiten und Interviews mit Vätern zusammen. Aus Sicht der heutigen Entwicklungspsychologie kann man die Hauptaufgabe des Vaters im *Erwerben, Ermöglichen und Stärken neuer Fähigkeiten* definieren.

Das klingt fürs Erste natürlich etwas sperrig. Nicht jeder Vater (und auch nicht jede Mutter) kann sich darunter gleich etwas vorstellen. Genau betrachtet ist es aber eine überaus hilfreiche Definition.

Bereits die ersten drei Jahre stecken ja voller Veränderungen für alle Beteiligten. Das beginnt schon mit den körperlichen und seelischen Veränderungen der Schwangerschaft, der Verwandlung der Partnerin zur Mutter, gefolgt von den großen Veränderungen, die ein Neugeborenes mit sich bringt. Da gibt es die Verwandlung des Babys zum Kleinkind und jene zur sprechenden kleinen Person, das schließlich zum vollwertigen Mitglied der (Familien-)Gesellschaft wird. So viele vorgegebene Veränderungen in so kurzer Zeit gibt es selten im Leben.

Je nach Lebensphase benötigen Väter dafür aber auch jeweils unterschiedliche Strategien. Im Vergleich zur eher kontinuierlich verlaufenden Mutterrolle könnte man bei der Vaterrolle (in unserer Gesellschaft) fast von einer Art Zickzackkurs sprechen.

Aber wann und in welcher Form sollen Veränderungen eigentlich in Gang gesetzt werden? Welche Veränderungen sind das überhaupt? Wohin soll es jeweils gehen? Mit seinen Entscheidungen darüber steuert der Vater letztendlich den Kurs der gesamten Familie.

Orientiert man sich an den Entwicklungsbedürfnissen des Babys, wird der Weg klarer. Es ergibt sich fast so etwas wie ein Stufenplan:

- Zunächst benötigt das Baby eine sichere Ausgangsbasis.
- Danach braucht es Rückendeckung, Selbstbewusstsein und Mut, um sich darüber hinauszuwagen.
- Und schließlich bedarf es Vorbilder und Modelle, um seinen neuen, passenden Platz in der Gruppe zu finden.

Dieses Dreistufenprojekt kann man einteilen in eine *Zeit der Mutter*, eine *Zeit des Vaters* und den Beginn einer *Zeit des Gleichgewichts*.

4. Im sicheren Hafen: Zeit der Mutter 0–6 Monate

Als ich kürzlich Besuch bekam von jungen Eltern mit ihrem ersten Baby, war es eine Freude zuzusehen. Die Eltern strahlten und das Baby, ein viermonatiger Junge, wirkte rundum glücklich und zufrieden. Während unserer Unterhaltung schlief er die meiste Zeit entspannt in seiner Trage. Rührte er sich doch gelegentlich, so wechselten die Eltern sich ab. Das eine Mal stand die Mutter auf, um ihn zu beruhigen, und das nächste Mal wiederum der Vater. Einem Außenstehenden erschloss sich nicht einmal, nach welchem System das so gut funktionierte. Die Eltern schienen dermaßen aufeinander eingespielt, dass sie sich nicht einmal mit Blicken abstimmen mussten. Routiniert, liebevoll und gelassen hatten auch sowohl Mutter als auch Vater prompten Erfolg. Das Baby schlief gleich wieder weiter. Als dies einmal beim Vater doch nicht der Fall war, schloss dieser daraus »Ah, hungrig?« und brachte das Baby der Mutter zum Stillen.

Als wir anschließend über mein Buch für Väter sprachen, meinte die Mutter: »Wir beide machen eigentlich alles gleich. Bis auf das eine, dass ich eben stille.«

»Wunderbar!«, sagte ich, »junge Mütter brauchen das, was man in der Wirtschaft USP nennt – den Unique Selling Point. Das Alleinstellungsmerkmal. Etwas, was eben nur die Mutter kann.«

Die junge Mutter lachte kurz auf und lächelte dann verschmitzt. In ihren Augen blitzte es. Sie schien stolz auf ihren Partner und auch stolz auf sich selbst zu sein.

»Und wie ist das am Anfang für den Vater?«, fragte dieser jetzt nach. »Was soll DER da eigentlich tun?« Ich antwortete: »Die Zeit des Vaters kommt erst. Was die ersten sechs Monate betrifft: Alles, was die Mutter glücklich macht.«

Diesem Vater war das offensichtlich restlos gelungen. Es machte diese junge Mutter glücklich, einen so kompetenten Partner zu haben, ihre Gefühle mit ihm teilen zu können und ihr Baby in seinen Armen so sicher und geborgen zu wissen. Und sie war glücklich über den klitzekleinen Vorsprung, den sie hatte.

Wird man eine Familie, so beginnt sie asymmetrisch. Egal, welches Familienmodell Eltern geplant haben: Im ersten Halbjahr ist das Familiengleichgewicht noch verschoben. Manchmal, so wie in der Schilderung oben, ergibt sich der Unterschied zwischen den Eltern auch nur zwangsläufig daraus, dass die Mutter stillt. Aber man soll sich nicht täuschen lassen. Auch wenn nicht gestillt wird und Fläschchen verabreicht werden, herrschen dennoch zu dieser Zeit andere Regeln. Wovon Mütter in dieser Zeit immer wieder ein Quäntchen mehr brauchen, ist zum Beispiel das Gefühl der einzigartigen Zuständigkeit und Unersetzlichkeit. Vielleicht kann nur sie das Baby so schnell beruhigen? Nur sie es so entspannt baden? Oder nur sie es so friedlich schlafen legen?

Was bei der zweifellos notwendigen praktisch-vernünftigen Alltagsorganisation, die ein Baby mit sich bringt, manchmal untergeht, ist das eigentlich Zentrale dieser Zeit: Es geht um tiefe *Gefühle*.

Das Band, das jetzt geknüpft wird, soll ein Leben lang halten. Dazu muss man ein Baby erst einmal »kennenlernen«. Jedes Baby ist anders. Jedes riecht anders, bewegt sich anders, reagiert anders. Sie sind schon so unterschiedlich wie wir Erwachsenen. »Es ist der Fremde, der nicht durch die Tür kommt«, sagen die Franzosen über Neugeborene.

Ist es noch dazu das allererste Kind in der Familie, setzt es eine geheimnisvolle Verwandlung in Gang. Jeder Beteiligte bekommt eine neue Rolle und Aufgabe. Da sind natürlich zuallererst die Eltern zu nennen, die eine neue Identität dazubekommen. Vater und Mutter. Aber die Verwandlung umfasst wie eine Welle ebenso auch die anderen Mitglieder der Familie. Aus den ursprünglichen Eltern werden Großeltern, aus Großeltern Urgroßeltern, aus Geschwistern der Eltern werden Onkel und Tanten. Jeder fühlt etwas, verändert sich, rückt um oder auf, bekommt einen anderen Platz. Wie tektonische Platten verschieben sich die bisherigen Gegebenheiten.

Die Allererste, die bei all diesen Veränderungen ihren Platz finden muss, ist die *Mutter.* Wohl und Wehe des Babys werden davon abhängen. Die Zukunft der ganzen Familie wird darauf aufbauen.

Mutterliebe

Mutterliebe ist nicht selbstverständlich. Was üblicherweise als »Muttergefühle« oder »Mutterliebe« umschrieben wird, entsteht durch einen tiefgreifenden inneren Prozess. Was entsteht, ist ein komplexes Gefüge verschiedenartiger Gefühlszustände. Dazu gehören spürbare Liebesgefühle und Gefühle der Kompetenz ebenso wie die (schon erwähnte) innere Sicherheit und Überzeugung der eigenen, einzigartigen Zuständigkeit. Hormone spielen dabei zweifellos eine bahnende und hilfreiche Rolle. Im Wesentlichen aber ist Mutterliebe – weitergegebene Liebe. Es ist die, die man als Kind selbst früher erhalten hat, und die, die man derzeit (vom Partner) erhält.

In ihrer Anfangszeit ist Mutterliebe so verletzbar wie das Baby selbst. Sich selbst ähnlich sensibel wie ihr Baby zu fühlen, ist nahezu eines der Anzeichen der anfänglichen Muttergefühle. Befragt man Mütter später über diese Lebensphase, erzählen sie von tiefen Emotionen und für sie selbst unerwartet hoher Empfindsamkeit. »Ich konnte manche Gerüche nicht mehr ertragen«, »Ich konnte mir nicht einmal mehr harmlose Krimis anschauen«, »Ich brach jeden Moment in Tränen aus.« Mütter dürfen zu dieser Zeit – ähnlich wie in der Schwangerschaft – tiefemotional, widersprüchlich, schwierig, seltsam, ja direkt unlogisch und scheinbar unvernünftig sein.

Ist man mit einem Baby eine Zweiheit, so wird man ebenso verletzlich und sensibel wie das Baby selbst. Umgekehrt geht es auch dem Baby so. Es fühlt sich meist ebenso, wie sich die Mutter fühlt. Ist diese glücklich und entspannt, so kann es auch das Baby sein.

Dass kleine Babys ihrerseits so sehr auf Stimmungen ihrer nächsten Umgebung reagieren, mag an ihren besonderen Fähigkeiten liegen. Anders als wir Erwachsenen (die wir das schon längst verloren haben) dürften sie vermehrt die körperlichen Zeichen von

Angst, Stress oder Wohlbefinden wahrnehmen und aufgreifen. Solche Gefühlszustände verändern nicht nur unsere Stimme, sondern auch unseren Körpergeruch, Schweiß, Atmung, Muskelspannung und sogar unseren Hautwiderstand. Anders gesagt: Ein Baby kann hören, schmecken, fühlen, wie es seinen wichtigsten vertrautesten Menschen geht.

Eine glückliche Mutter, die beschützt und versorgt ihre beginnende Mutterliebe entfalten kann, ist das Beste, was einem Baby passieren kann.

Und Väter haben großen Einfluss darauf.

Denkt man an die oben beschriebene Rolle des Vaters als jener, der »Veränderungen ermöglicht und begleitet«, der »neue Fähigkeiten stärkt«, so ist es zu allererst die Partnerin, die dieser Kraft bedarf. Eigentlich geht es zuallererst um die Mutter.

Man könnte aber auch sagen: Das erste Geschenk des Vaters an sein Kind, ist ihm eine gute Mutter zu schenken. Es gibt meines Erachtens keine andere Lebensphase, in der sich Liebe dermaßen verdoppelt und weitergibt, zurückkommt, sich vervielfältigt und so nachhaltig wirkt wie zu dieser Zeit.

Was eine Mutter in diesen ersten Monaten nach der Geburt an emotionaler Unterstützung und Grundhaltung benötigt, hat interessanterweise viel Ähnlichkeit zu dem, was einige Monate später das Kind selbst vom Vater brauchen wird. Das ist auch nicht verwunderlich. In beiden Fällen geht es um das Hineinwachsen in eine neue Identität und das Erobern neuer Kompetenzen.

Eine Mutter erfährt zu dieser Zeit sozusagen aus erster Hand von den »väterlichen Qualitäten« ihres Partners. Sie erlebt nicht nur, wie er dem kleinen Baby begegnet, sie erfährt es ganz einfach auch an sich selbst.

Fühlt sie sich geliebt? Gibt er ihr Schutz und Rückendeckung? Fühlt sie sich ernst genommen und gefragt? Vertraut er unerschütterlich ihren mütterlichen Fähigkeiten? Freut er sich mit ihr über Fortschritte und Erfolge? Tröstet er sie bei Rückschlägen? Ermuntert er sie durchzuhalten? Ist er da, wenn sie ihn braucht?

Die große Ausnahmezeit

Dass nach der Geburt vorerst einmal die Mutter im Mittelpunkt steht, ist der überwiegenden Mehrheit aller Väter sonnenklar. Schon alleine die Betreuung durch Frauenärztin und Hebamme signalisiert den körperlichen Ausnahmezustand. Aber auch wenn sich nach drei Monaten die familiären Wogen meist etwas legen, empfiehlt es sich für Väter, insgesamt sechs Monate als ausdrückliche Ausnahmezeit mit anderen Spielregeln zu vermerken.

Damit meine ich nicht all den Trubel und die familiäre Aufregung, die ein Baby ganz von selbst in den Familienalltag bringt. Gemeint ist hier vielmehr die Partnerschaft zwischen dem Elternpaar selbst. Es geht um deren Kräfteverhältnis untereinander. Nicht nur, was das Liebesleben betrifft, herrschen jetzt eine Zeit lang andere Spielregeln.

Die ersten sechs Monate sind für jede Mutter eine besondere Zeit. Ein Kind zu bekommen, insbesondere wenn es das erste ist, ist eine der größten Veränderungen in ihrem Leben. Eigentlich wird für sie kein Stein auf dem anderen bleiben. Die fundamentalen Umbauten betreffen letztendlich jede Ebene. Sie betreffen sie nicht nur körperlich und seelisch, sondern auch noch sozial und beruflich.

Väter können ihre Partnerin kaum wirkungsvoller bei diesem tiefgreifenden und dem für das Baby so wichtigen Prozess unterstützen, als durch ihre Bereitschaft – sich jetzt ebenfalls zu verändern.

Spielregeln, wie sie bisher vielleicht zwischen dem Paar gegolten haben und später eventuell wieder gelten können, sollten jetzt hinterfragt und neu angepasst werden. Es geht dabei nicht um grundsätzliche und bleibende Veränderungen, sondern um Ausnahmeregeln für eine Ausnahmezeit.

Genau betrachtet, kann das so hilfreiche sich Verändern und »Anderssein« des Vaters jetzt eigentlich jeden Bereich betreffen. Da gibt es zunächst einmal natürlich Organisatorisches. Dazu gehören Entlastung im Haushalt oder Themen der Familienorganisation. Das können Fragen sein wie: Wer kauft ein? Wer kocht? Wer bringt jetzt das größere Kind zum Kindergarten und holt es ab? Wer geht mit dem Hund hinaus? Aber Väter sollten sich nicht täuschen. Es geht bei dem so wirkungsvollen Mit-Verändern des Vaters, nicht nur um zwingend offensichtlich Notwendiges. Zur Debatte stehen zu dieser Zeit ebenso Freizeitgestaltungen wie Kegelclub, Freundesrunden oder so etwas wie Tennisstunden. Sogar beruflich gibt es oft mehr Variationsmöglichkeiten, als man denkt. So ist es manchmal durchaus möglich, auch am Arbeitsplatz für eine gewisse Zeit Sonderregelungen zu treffen. Man könnte Urlaube verziehen, Überstunden einschränken oder die Übernahme eines neuen Arbeitsgebietes zeitlich verschieben. In Österreich gibt es auch die Möglichkeit eines »Vaterurlaubs« nach der Geburt.

Wo welche Veränderung und in welchem Ausmaß sie überhaupt sinnvoll und willkommen wäre, müssen Väter weder – quasi über Eingebung – alleine wissen noch für sich alleine entscheiden. Ähnlich wie auch später (in der Zeit des Vaters) dem Kind gegenüber lautet das universelle Zaubermittel: nachfragen. Wird die Partnerin nämlich diesbezüglich gefragt und mit einbezogen, so könnte schon diese Tatsache alleine »Veränderung« genug bedeuten.

Nachzufragen, Neues zu erwarten und selbst »anders« zu sein als gewohnt, hilft sogar bei der Wiederaufnahme des Liebeslebens. Wann genau nach einer Geburt Sex wieder stattfindet, ist individuell sehr verschieden. Medizinisch frühestens möglich ist es nach fünf bis sechs Wochen. Auch hier sind, zumindest vorübergehend, Veränderungen zu erwarten. Das betrifft nicht nur die Tatsache, dass man jetzt nicht mehr zu zweit ist, weil eben das Baby nebenan schläft. Die körperlichen Veränderungen der Partnerin können auch dazu führen, dass sie jetzt anders empfindet und reagiert. Berührungen, die ihr früher Lust bereitet haben, tun es derzeit vielleicht nicht. Was sie früher eventuell in Stimmung brachte, kann sie jetzt irritieren. Sich im veränderten eigenen Körper zurechtzufinden, kann auch für sie selbst verwirrend sein. Bekommen diese Veränderungen Platz und werden geradezu erwartet und angesprochen, so kann das auch für die Partnerin selbst eine große Hilfe sein.

Sechs Monate Ausnahmezeit einzuplanen, kann dem Elternpaar insgesamt viel Aufregung und Konflikte ersparen. Auch sonst übliche gemeinsame Entscheidungsfindungen laufen in dieser Zeit anders ab. Die häufigsten Diskussionen, die ich diesbezüglich kenne, betreffen Urlaube, Wohnraum und Großeltern. Denn solange sich sowohl Mutter als auch Kind als »Zweiheit« verstehen, gelten fast noch Verhältnisse wie in der Schwangerschaft. Die Mutter spricht nicht nur für sich selbst. Sie spricht auch für das Kind. Man könnte fast sagen, sie vertritt zu diesem Zeitpunkt die »Mehrheit«. Es steht der Mutter zu, während dieser Zeit rein »gefühlsmäßig« Entscheidungen treffen zu dürfen. Die ersten sechs Monate sind nicht symmetrisch.

Wissen Väter, dass diese Zeit der Ungleichheit ganz natürlich ihr notwendiges Ende finden wird, so können sie damit auch leichter umgehen.

Bevor aber im siebenten Lebensmonat die »Zeit des Vaters« beginnen wird, gilt es noch einige Hürden zu nehmen.

Oma ist nicht gleich Oma

»Meine Mutter ist doch genauso eine Oma wie deine. Warum kann sie unser Baby nicht ebenso oft sehen!?« Väter fühlen sich zurückgesetzt, wenn sie ihre eigenen Mütter als benachteiligt erleben. Ihre Partnerinnen kommen da leicht in Erklärungsnotstand. Ja, stimmt schon, aber gefühlsmäßig ist es doch »irgendwie« – anders.

Natürlich gibt es zu diesem Thema in den diversen Familien große individuelle Unterschiede. Für manche ist es gar kein Thema. Für andere hingegen ein sehr großes. Bei gar nicht wenigen jungen Eltern gibt es darüber Missstimmung oder zumindest Diskussionen. Versuchen Mütter, ihre innere Abwehr auch noch mit Argumenten zu untermauern, kann es für Väter sogar verletzend werden. »Das stimmt doch gar nicht, was du da sagst!«

Vieles der Debatte kann man sich sparen. Es *gibt* einen Unterschied. Wenig verwunderlich, hat es wieder einmal mit der Teilung des ersten Lebensjahres zu tun.

Kommt das erste Kind zur Welt und müssen Mütter erst ihre eigene Mutterrolle finden, so erhält die eigene Mutter eine besondere Bedeutung. Immerhin ist sie ja das Grundmodell. Nicht nur wie sie früher *war*, hat eine Auswirkung, auch wie sie jetzt der jungen Mutter gegenüber *ist*. Wird man selber Mutter, verändert sich, neben vielem anderen, auch die ursprüngliche Tochter-Mutter Beziehung. Viele Mütter wollen in dieser Zeit die eigene Mutter so viel wie möglich um sich haben. War die Beziehung zur eigenen Mutter sehr problematisch, so gibt es aber auch Mütter, die gerade jetzt einen besonderen Abstand zu dieser halten wollen.

In den ersten sechs Monaten gilt die Devise: Alles, was der Mutter guttut, ist auch gut für das Baby. Tut es der Mutter also gut, ihre eigene Mutter um sich zu haben, so sollten sich Väter deshalb im ersten Halbjahr – auch was die Schwiegermutter betrifft – mit Ausnahmeregelungen anfreunden. Dasselbe gilt für die ungleiche Einbeziehung der Omas zu Anfang.

Das Phänomen, dass Mütter ihr Baby der eigenen Mutter früher, der väterlichen Oma dagegen erst etwas später zur alleinigen Versorgung überlassen, ist weit verbreitet und kein Grund zur Beunruhigung. Diese Unterscheidung ist auch gar nicht schwer zu verstehen. Die Rollen der Großmutter von mütterlicher und von väterlicher Seite folgen derselben zeitlichen Reihenfolge, wie sie auch für die Eltern selbst gilt: Zuerst muss die Mutter ihren Platz finden, dann erst kommt der Vater. (Ähnliche Konflikte Opas betreffend habe ich eigentlich nie erlebt.)

Meist löst sich das Problem ganz von selbst im Laufe des zweiten Lebenshalbjahres. Tut es das nicht, sollten Väter der Sache auf den Grund gehen. Im Rahmen der späteren kleinen Ausflüge alleine mit dem Kind kann der Vater die eigenen Eltern ja besuchen und sich selbst ein Bild davon machen. Wie reagiert denn sein Kind dort? Scheint es sich bei den Großeltern wohlzufühlen? Oder wird es dort schwierig und abweisend?

Zur ganz allgemeinen Orientierung zu diesem Thema kann man anmerken, dass auch schon kleine Kinder ein Recht darauf haben, mit anderen Menschen eine Beziehung einzugehen und mit diesen in Verbindung zu bleiben.

Auch weitere Themen und Meinungsverschiedenheiten zwischen den Eltern sind in den ersten sechs Monaten anders zu interpretieren und zu lösen als in der Zeit danach. So ist es geradezu biologisch, dass Mütter zu dieser Zeit zutiefst emotional reagieren, wenn es um einen geschützten Raum für sie selbst und ihr Baby geht. Das mag zwar manchem selbstverständlich erscheinen. Aber nicht alle jungen Familien haben schon eine eigene Wohnung. Wohnt die Familie zum Beispiel im großelterlichen Haus, können sich durchaus Diskussionen ergeben. Es ist naturgemäß, dass eine Mutter mit Baby Anspruch auf einen persönlichen Raum hat, den sie eigenständig gestalten kann, und selbstverständlich darüber bestimmt, wer Zutritt dazu hat und wer nicht.

Wollen Mütter bestimmte Personen oder Situationen zu dieser Zeit meiden, so ist der Vater in seiner Rolle als Beschützer gefragt. Er ist dann sozusagen der Schäferhund, der die Herde – nämlich Mutter und Baby – nach innen zusammenhält und nach außen bewacht. Oft ist es dieser Schutz nach außen, der es Müttern erst ermöglicht, die für ihr Baby so wichtige besondere Sensibilität und Verletzbarkeit überhaupt entfalten und zulassen zu können.

Schon die Gegenwart des Vaters bei der Geburt übt letztendlich eine große Schutzfunktion aus. Auch wenn das vielen Eltern gar nicht wirklich bewusst ist, so kann ich das nach langjähriger Erfahrung im Krankenhaus nur unterstreichen. Ebenso schützend wirken sich auch gemeinsame oder auch alleinige Gespräche des Vaters mit behandelnden Ärzten und Ärztinnen aus.

Wenn das Baby schreit

Dass ihr Baby, wenn es einmal da ist, schreien wird, ist werdenden Eltern ziemlich klar. Wie laut dieses Schreien allerdings sein kann und wie dramatisch sich dies auf die Eltern auswirken kann, wird oft nicht erwartet. Babyschreien ist mit um die 80 Dezibel in etwa so laut wie ein Presslufthammer. Und es *soll* für Erwachsene schwer erträglich sein. Wie sonst soll ein so kleines abhängiges Wesen wirksam auf sich und seine Bedürfnisse aufmerksam machen? Die Natur hat Babys also mit gutem Grund so unüberhörbar ausgestattet. »Ich bin hungrig«, »Ich bin müde«, »Ich habe Bauchweh« könnten in etwa die häufigsten Übersetzungen lauten. Und wenn Eltern das Passende tun, hört das Baby auch auf zu schreien – soweit lautet zumindest die Theorie.

In der Praxis sieht das oft ganz anders aus. Bei gar nicht wenigen

Babys, speziell in den ersten drei Monaten, gibt es auch sogenannte Schreistunden. Man könnte es so verstehen, dass das Baby unangenehme Spannungen verspürt und diese durch Schreien ausdrückt und sozusagen herauslässt. Was diese ersten drei Monate betrifft, gibt es manchmal nicht viel mehr zu tun, als sich das Unglück letztendlich geduldig anzuhören und dem Baby zu zeigen, dass man da ist. Auch bei Erwachsenen kann sich auszuweinen ja manchmal helfen. Je älter das Baby wird, umso seltener werden diese diffusen Spannungen und umso häufiger hat das Schreien auch einen sehr bewussten und triftigen Grund. Das Baby kann ihn allerdings noch nicht anders formulieren.

Typischerweise häufen sich in den ersten Monaten die Schreistunden am frühen Abend. Es ist meist die Zeit, in der die Väter nach Hause kommen. »Wenn ich abends von der Arbeit heimkomme, drückt mir meine Frau wortlos ein brüllendes Baby in den Arm.«

Klingt nicht sehr angenehm. Weder was es von der Mutterseite her ausdrückt – noch was es für den Vater bedeutet. Was kann man da als Vater tun?

Gewiefte Väter sorgen zunächst einmal dafür, dass sie nicht hungrig und erschöpft zu Hause ankommen. Nach dem Motto »Jetzt höre bitte schnell auf zu schreien, denn ich habe selbst schon so einen Hunger!« beruhigen sich nur die wenigsten Babys. Ein Zwischenstopp in einem Lokal, wo man selbst einmal den größten Hunger gestillt hat und für die Partnerin zu Hause auch noch etwas einpacken lässt, ist dann schon hohe Schule und vorausschauend. Mütter kleiner Babys haben nämlich ebenfalls oft den ganzen Tag kaum gegessen.

Übernimmt man dann das schreiende Baby aus dem Arm der Mutter, birgt schon dieser Wechsel große Chancen. Auch bei uns auf der Station hat der frisch in den Nachtdienst Kommende die besseren Chancen, das Baby zu beruhigen. Sowohl für das Baby als auch für den Hinzukommenden ist es ein jeweiliger Neubeginn.

Die Beruhigungstechniken für solche Notfälle kann man unter *Stimmlage*, *Position* und *Reaktion* zusammenfassen. Viele Väter, die ich kennengelernt habe, bringen es darin sogar zu einsamer Spitzenleistung. »Ah, Sie meinen die Fliegerstellung!«, wusste ein Vater einmal sogar den Fachausdruck, als ich ihm die Haltung – Babybauch auf dem Unterarm, Babygesicht nach unten –, zeigen wollte.

Solange sich Babys im Raum noch nicht selbstständig positionieren können, sind sie in dieser Hinsicht noch vollständig vom Erwachsenen abhängig. Manche Kinder wollen eingerollt im Arm herumgetragen werden, andere bevorzugen aufrecht über die Schulter zu sehen. Hat man alles probiert und bringt all das keine Besserung, bewährt sich manchmal sogar das Gegenteil. Nämlich das Baby, in eine Decke gehüllt mit angewinkelten Armen und Fäusten vor der Brust, alleine wohin zu legen. (Es erinnert ein wenig an die meditative Haltung des Betens.) Man sollte es nicht glauben: So manches nicht und nicht zu beruhigende Baby entspannt sich überraschenderweise selbstständig und in dieser Position sogar eher. Speziell sensiblen, aufmerksamen Babys scheint der stete Informationsfluss von außen manchmal zu viel zu werden. Sie brauchen einmal eine Pause.

Als Ursache des vermehrten Schreiens gibt es verschiedene Faktoren. Einer davon ist, dass manche Kinder schon von ihrer Konstitution her hochsensibel und irritierbar sind. Diese benötigen manchmal häufigere Ruhepausen. Speziell bei diesen Kindern sollte man nicht der Versuchung nachgeben, sie von ihrem Weinen »ablenken« zu wollen. Sie reagieren zwar kurzfristig darauf, sind aber danach doppelt überfordert und übermüdet. Solche Ablenkungsmanöver wirken sich in etwa so aus wie ein Aufputschmittel. Es führt zu noch mehr Überforderung und letztendlich zu noch mehr Schreien.

Man kann diverse Haltungen ausprobieren und auch in dieser Hinsicht das Kind befragen. Auch kleine Babys können einem diesbezüglich schon wichtige Hinweise geben. Sie zeigen unterschiedliches Verhalten je nachdem, ob etwas passt oder ob es eben nicht passt. Sie sagen dann auf ihre Weise: »Das ist gut!« oder »Das mag ich aber gar nicht!«

Ist die Positionsveränderung nämlich unerwünscht – gibt es eine *sofortige* Reaktion. Ist sie hingegen passend, bekommt man *keine* prompte Antwort.

Versucht man also irgendeine neue Positionierung des Babys und das Schreien wird auf der Stelle lauter und intensiver, könnte man es übersetzen in: »Nein!! Bloß das nicht! Bitte sofort wieder ändern!«

Bleibt das Weinen in Intensität und Lautstärke hingegen zunächst gleich, könnte das ein gutes Zeichen sein. Es könnte nämlich heißen: »Lass mich einmal nachspüren, ob das besser ist. Bitte *nicht* gleich wieder ändern!«

Macht man das trotzdem, könnte wiederum *sofortiger* Protest folgen. Diesmal aber aus einem anderen Grund: »Jetzt hat das Richtige gerade angefangen gutzutun, und jetzt hört es schon wieder auf!«

Liegen die Nerven blank, äußert sich das unwillkürlich auch in unserer Stimmlage. Auch wenn kleine Babys noch nicht den Inhalt dessen, was wir sagen, wortwörtlich verstehen; dass wir genervt oder aufgeregt sind, hören und spüren sie sofort.

Im Kapitel Säuglingsforschung wurde bereits über das hochsensible Gehör kleiner Babys berichtet. Ganz allgemein führen für das Baby hörbare Streitereien (ob zwischen den Eltern oder anderen Personen) oder aufgeregte Stimmen zu erhöhtem Stress. Ein neuerlicher Grund, noch viel mehr zu schreien, ergibt sich dadurch.

Da die Stimmlage aber so sehr auf Babys wirkt, kann man diese auch umgekehrt ganz bewusst und absichtlich, nämlich hilfreich, einsetzen: Brummt der Vater in seiner tiefen Stimme langsam vor sich hin »Ja, das ist doch nicht so *schlimm*«, mit einer beruhigenden Sprachmelodie und mit tiefer Betonung auf dem Schlusswort: »Das bringen wir alles in *Ordnung*«, so kann das wirklich entspannend wirken. Sogar auf Mama.

Was sowohl Babys als auch Müttern guttut, ist etwas, womit beide gleichzeitig gewippt und geschaukelt werden. Dazu eignet sich beispielsweise ein großer Pezziball, auf den man sich gemeinsam mit dem Baby im Arm daraufsetzen kann. Für handwerklich begabte Väter besteht außerdem die Möglichkeit, eine Sitzhängematte zu montieren. Speziell wenn man diese zusätzlich an einer Metallspirale aufhängt, können sich Mama und Baby gemeinsam wiegen lassen. Da kann das Beruhigen des Babys direkt zum eigenen Vergnügen werden.

Je mehr und häufiger Babys schreien, umso mehr sind auch vorbeugende Strategien gefragt. Bei sogenannten »Schreibabys«, die per Definition der Dreierregel mindestens drei Stunden dreimal die Woche über mehr als drei Wochen hinweg schreien, ist Selbstschutz der Eltern einer der Grundpfeiler.

Um sich nicht gemeinsam und gleichzeitig auszupowern, macht es Sinn, wenn sich Eltern und auch eventuell andere Personen in der Betreuung gezielt abwechseln. Es müssen ja nicht immer beide Eltern gleichzeitig versuchen, das Baby zu beruhigen. Jeder benötigt seine Erholungsphasen. Die zentrale Frage lautet in solchen Fällen: Wie behalten wir alle die Nerven? Bricht die Infrastruktur zusammen, leidet auch das Baby darunter. Zusätzliche Unterstützung kann aus dem persönlichen Umfeld, aber auch von professioneller Seite herkommen. In Wien gibt es zum Beispiel die Institution der »Frühen Hilfen«, die nach Hause kommen. Beratung gibt es in diversen »Schreiambulanzen«.

Ernährung

Ob das Wort »Mama« wirklich von *mamma* kommt, der lateinischen Bezeichnung für Brust und »Papa« vom italienischen *papa*, dem Brei, ist nicht ganz gewiss, aber als Gedankenstütze hilft es allemal. Die Ernährung der ersten sechs Monate ist Muttersache. Das heißt nicht, dass nur diese das Baby füttern soll oder darf. Aber das, was und wie gefüttert wird, ist unbestritten Bereich der Mutter.

Das betrifft natürlich zunächst einmal das Stillen. Stillen ist gesund und wird von Kinderärzten für die ersten sechs Monate empfohlen. Die Einstellung des Vaters zum Stillen hat dabei statistisch nachweisliche Auswirkungen darauf. Seine Haltung dazu beeinflusst erwiesenermaßen, ob überhaupt und wie lange insgesamt gestillt wird.

Diesbezüglich engagierte Väter sollten hier allerdings einen Unterschied machen zwischen unterstützen oder unter Druck setzen. Es gibt sehr viele Gründe, zu stillen, aber auch durchaus Situationen und Umstände, in denen die Mutter recht haben kann, wenn sie sich anders entscheidet.

Wird mit der Flasche gefüttert, so können Väter schon recht

früh eigene Erfahrungen damit machen. Eine diesbezügliche Empfehlung lautet: Flasche so handhaben, als wäre es die Brust. Berührt man mit dem Sauger den Mundwinkel des Kindes, so können auch kleinste Babys bereits selbstständig andocken. Ebenso legen sie selbstständig Pausen ein. Dreht das Kind den Kopf weg, sollte die Flasche nicht mitreisen. Das Baby macht das absichtlich. Es braucht eventuell eine Atempause. Babys beenden ihre Mahlzeit selbst. Manche schlafen dabei ein, andere lösen sich selbst und pressen danach leicht die Lippen zusammen. Gut war's!

Auch die Art des Flaschenfütterns ändert sich laufend. Strategien, die vor kurzem noch hilfreich waren, können das Baby ein paar Wochen später bei der Mahlzeit schon wieder irritieren. Ist zum Beispiel im ersten Monat beim Trinken noch Stille und Ruhe angesagt, so will es sich wenige Wochen später bei der Mahlzeit bereits »unterhalten«. Babys legen dann unter Umständen Pausen ein, um den Eltern tief in die Augen zu sehen, ihnen zuzulächeln oder ein paar Laute zu »sagen«. Bekommen sie eine Antwort darauf, freuen sie sich und wenden sich wieder der Flasche zu. Das Baby so zu halten, dass es beides gleichzeitig kann, nämlich trinken *und* sich unterhalten, ist dann wichtig.

Ebensolche Quantensprünge gibt es bei der Löffelmahlzeit. Derzeit ist empfohlen, zwischen fünftem und sechstem Monat mit dem Zufüttern zu beginnen. Lässt sich das Baby den Breilöffel anfangs noch in den Mund schieben, so will es das möglicherweise bald nicht mehr. Es will sich die Portion jetzt eventuell selber vom Löffel abholen oder diesen gleich selber halten. Mehrere Löffel parat zu haben, kann da leicht Abhilfe schaffen.

Manche Babys wollen die Sache mit dem Brei auch »überspringen«. Sie wechseln dann von der Brust weg direkt zu fester Kost. Manche kombinieren beides. Nahrung selbst in der Hand zu halten, macht ihnen Spaß. Nicht selten werden die Vorzüge eines Breies erst nach diesem interessanten Zwischenschritt entdeckt.

Gelegentlich zeigen schon Viermonatige großes Interesse an dem, was auf den elterlichen Tellern liegt. Es gibt keinen Grund, sie das nicht kosten, angreifen und untersuchen zu lassen.

Aufgabenteilung – wickeln oder nicht?

Für die Zeit nach der Geburt hören Väter oft den Rat: »Unterstützen Sie die Mutter.« Das ist natürlich ein hervorragender Tipp. Leider ist er auch etwas verwirrend. So mancher Vater fragt sich: Was soll man da eigentlich genau tun? Der eine versteht darunter vermehrte Arbeit im Haushalt, der andere, dass er das Baby ebenso gut beruhigen und versorgen möge wie die Mutter. Inwieweit der Vater auch wickeln soll oder nicht, wird sogar öffentlich diskutiert.

Ich habe in meinen fünfundzwanzig Jahren kinderärztlicher Tätigkeit kaum einen Vater in Erinnerung, der, wenn mit seinem Baby oder Kleinkind alleine auf der Station, dieses nicht gewickelt und versorgt hätte. Und die wenigen anderen, die ich an einer Hand abzählen kann, stammten aus einem anderen Kulturkreis. Eigentlich lese ich darüber nur in der Zeitung.

Es scheinen vorwiegend »Noch-nicht-Väter« zu sein, die dieses Thema überhaupt aufwerfen. Ist ein Kind einmal da, ergeben sich offensichtlich ganz zwangsläufig andere Realitäten.

Ich denke, dass es bei der öffentlichen Diskussion »Wickeln oder nicht« weniger um den eigentlichen Akt des Wickelns geht. Eher verbergen sich dahinter die Fragen: »Wie sehr soll sich der Vater in die direkte Versorgung des Babys einbringen? Ist er ein guter Vater, wenn er es tut? Soll er alles so gut können wie die Mutter? Ist er ein weniger guter Vater, wenn er es nicht tut? Gehört die körperliche Versorgung des Babys zur väterlichen Job-Beschreibung?«

Wie so oft ist Fundamentalismus wenig hilfreich. Teilt man Babys erstes Jahr in zwei Hälften, kann das aber auch in diesem Fall helfen. Es ergeben sich daraus ganz von selbst zwei unterschiedliche Lösungen.

Erinnert man sich zurück an die kleine Familie vom Anfang des Kapitels, so war es beiden Eltern eine große Freude, ihr Baby gleichermaßen zu betreuen. Jeder der Eltern konnte auf sich selbst und den anderen stolz sein. Beide hatten große Freude an der Versorgung ihres Babys. Der kleine Vorsprung, zusätzlich auch noch stillen zu können, reichte der Mutter. Ein kategorisches »Nein« des Vaters, das Baby inklusive Windelwechselns zu betreuen, hätte diese Mutter sicher überaus verletzt und gekränkt. Vielleicht sogar zornig gemacht. Immerhin ist zu dieser Zeit das kleine Baby ein Teil von ihr selbst.

Ich kenne aber auch Mütter, die insbesondere das Neugeborene vorerst ganz alleine betreuen wollen. Sei es, weil es ihnen besonders verletzlich scheint, weil es krank war oder sonst wie in Gefahr. Sei es, weil sie selbst erst mehr innere Sicherheit und Kompetenz entwickeln wollen oder aus vielen anderen Gründen. Ein Vater, der hier die Versorgung des Babys »einfordert« (noch dazu im Glauben, nur so ein guter Vater zu sein), würde seine Partnerin mit ziemlicher Sicherheit stressen. Es würde sie in Alarm versetzen, vielleicht sogar so etwas wie bedrohen. Denn auch hier gilt: Immerhin ist das kleine Baby zu dieser Zeit ein Teil von ihr selbst.

Wie man an diesen Beispielen sieht, sind diesbezügliche Entscheidungen – in der Zeit der Mutter – sehr individuell. Sie sind primär von der jeweiligen Mutter abhängig. Alles, was sie freut, sich gut fühlen lässt und entspannt, ist hilfreich. Alles, was sie kränkt oder stresst, nicht.

Andere Spielregeln beginnen in der Zeit des Vaters. Wie im nächsten Kapitel beschrieben, bekommt es dann einen besonderen Wert, wenn der Vater mit dem Kind zu zweit unterwegs ist. Da wird es ohne Wickeln und andere Kenntnisse schwer gehen. Geht es dem Kind um Autonomie, so wird es notwendig, dass auch der Vater selbst nicht mehr von seiner Partnerin und deren Babykenntnissen abhängig ist. Auch er muss sich dann gewissermaßen »emanzipieren und verselbstständigen«. Das Positive daran: Es tut dem Kind gut, wenn der Vater es dann »auf seine Weise« macht.

Die meisten Väter, die ich kennengelernt habe, finden zu diesem großen Thema eine meist unbewusste, aber direkt salomonische Lösung: Sie können anfänglich alles, was es braucht, aber – irgendwie – nicht alles ganz so gut wie die Mutter. Auf diese Weise vermeiden sie es, der Partnerin, während der Zeit der Mutter, Konkurrenz zu machen und lassen ihr den kleinen Vorsprung. Gleichzeitig halten sie sich damit für ihre eigentliche Hauptaufgabe, in der Zeit des Vaters, den Rücken offen.

Tipps für die Zeit des Vaters:

- Freuen Sie sich an Ihrem Baby.
- Stellen Sie sich auf eine Ausnahmezeit ein.
- Erwarten Sie derzeit zu Hause keine »Normalität«.
- Fragen Sie Ihre Partnerin, welche Veränderungen ihr willkommen wären.
- Organisieren Sie eventuell Unterstützung von außen.
- Bringen Sie Ihrer Partnerin Essen.
- Stellen Sie der Mutter derzeit nicht ungefragt Ihre »Vatersicht« gegenüber, sondern geben Sie ihr Rückendeckung.

Tipps für die Zeit der Mutter:

- Genießen Sie eine Ausnahmezeit.
- Konzentrieren Sie sich ausschließlich auf Ihr Baby und sich selbst.
- Seien Sie zu sich selbst mindestens so gut wie zu Ihrem Baby.
- Reihen Sie derzeit alle anderen Aufgaben und Verpflichtungen ganz nach hinten.
- Lassen Sie sich bekochen und Essen bringen.
- Hören Sie auf Ihre Gefühle.
- Schlafen Sie auch, wenn das Baby schläft.

5. Auf Übungsfahrt: Zeit des Vaters 7–12 Monate

Die Umstellung kommt langsam und schrittweise. Sie hat so gar keine Ähnlichkeit mit der zitierten Nabelschnurdurchtrennung. Üblicherweise wird sie vom Kind selbst eingeleitet. Meist gibt es zwei Anzeichen. Das eine ist, das Kind zeigt sich geradezu verliebt in seinen Vater. Das andere Zeichen ist, dass es »schwierig« wird.

Die »Schwierigkeiten« können sich ganz unterschiedlich äußern. Manchmal zeigen sie sich in immer aufwendigeren Schlafritualen oder so wie bei Carl mit zunehmenden Problemen der Ernährung. Am häufigsten führen sie einfach zu einem allgemein erhöhten Aufwand. Typischerweise betrifft das oft die Körperpflege.

So ist das auch bei Sarah.

Auch Sarah wird anstrengend. Sie will sich nicht mehr wickeln oder umziehen lassen. Kaum liegt sie auf dem Rücken, dreht sie sich auch schon wieder um. Sarah findet das lustig. Sie lacht sogar dabei. Ihre Mutter findet das weniger amüsant.

Haben Babys einmal gelernt sich umzudrehen, ist es mit der üblichen Routine der Betreuung bald vorbei. Denn aus Sicht des Babys ist das Umdrehen höchst interessant und gehört immer wieder geübt. Wen kümmert die Kacke in der Windel? Und wenn man einmal gelernt hat, in der Bauchlage den Kopf zu heben, gibt es einen neuerlichen Quantensprung. Dann kann man sogar nach Dingen greifen und sie von einer Hand in die andere geben. Man kann diese Dinge sogar in den Mund stecken! Großartig!

Werden Babys an diesem für sie so spannenden Lernprogramm gehindert, können sie sich ziemlich ärgern. So wie Sarah, die sich jetzt *doch* ärgert – und zwar, weil sie die Cremetube nicht zum Abschlecken bekommt. Warum muss Mama alles bestimmen? Man könnte auch sagen, zwischen Mutter und Sarah gibt es den ersten Konflikt. Das Kind will nicht mehr so, wie es die Mutter will.

Ganz allgemein wird in dieser Zeit der Alltag mühsamer. Nicht immer liegt dessen Ursache, so wie bei Sarah, in den doch erfreulichen Entwicklungsfortschritten. Auch echte Sorgen können Kinder ihren Eltern zu dieser Zeit bereiten. Kinder, die nicht essen wollen, abends nicht einschlafen können oder nachts zigmal aufwachen, können für die gesamte Familie zu einer ernst zu nehmenden Belastung werden.

Ganz allgemein kann man sagen, dass Schwierigkeiten, die in dieser Altersklasse erstmalig auftreten oder sich wie bei Carl verschärfen, zum überwiegenden Teil mit dieser Entwicklungsphase zu tun haben. Das gilt für gesunde Kinder ebenso wie für solche mit Grunderkrankungen und bereits langer Vorgeschichte.

Was machen also Mütter üblicherweise in solchen Fällen? Sie legen noch einen Zahn zu. Vielleicht hat es nicht gereicht und das Kind braucht mehr? Mehr spielen, länger füttern, mehr herumtragen, öfter aufstehen, vor dem Wickeln schnell ein Spielzeug überreichen und für das Essen schnell noch ein Bilderbuch organisieren. Nicht nur bei Sarahs Mutter pendeln die Gefühle immer häufiger zwischen Ärger und darauffolgenden Schuldgefühlen.

Und bitte was ist eigentlich mit dem Vater?! Der könnte doch bei der mühsamen Mehrarbeit entlasten! So manche Mutter wüsste zu dieser Zeit sehr klar, was genau der Vater jetzt so alles machen sollte. Sich zum Beispiel mehr Zeit nehmen. Sich mehr mit dem Kind befassen. Die Mutter würdig mit all den Details, an die sie denkt, vertreten. Auch Sarahs Mutter verspürt dem Partner gegenüber Groll. Manchmal ist es sogar so etwas wie Neid, wenn er morgens zur Arbeit geht. Der macht sich dort einen guten Tag! So manche Mutter denkt zu dieser Zeit: Irgendwie reicht es.

So denken zu dieser Zeit auch gar nicht wenige Väter. Es reicht! Nach all den Monaten der Ausnahme, des Zurückstehens und des Bemühens ist es der Partnerin noch immer nicht genug. Ganz zu schweigen vom so veränderten Liebesleben. »So habe ich mir das mit Frau und Kind eigentlich nicht vorgestellt«, denkt sich vielleicht nicht nur Sarahs Vater. Obwohl, es ist schon herzerwärmend von Sarah immer so begeistert begrüßt zu werden! Trotzdem. Während des Spielens mit ihr schweifen die Gedanken immer wieder ab. Es gibt nicht viel Neues. So mancher Vater fühlt sich zunehmend unbehaglich. Manchmal ist er sich selbst nicht sicher, ob er jetzt etwa die Mütze für das Kind zu Hause wirklich *vergessen* hat oder ob sie doch irgendwie *absichtlich* liegen geblieben ist. Die Lust, es der Partnerin recht zu machen, hat jedenfalls spürbar abgenommen. Die Mutter kann doch nicht alles bestimmen!

Die Schilderung mag manchen Eltern übertrieben scheinen. Manche Punkte treffen eventuell auch gar nicht zu. Jene Eltern hingegen, die sich darin wiedererkennen oder diese sogar *unter*trieben finden, kann ich beruhigen. Alles passt!

Kündigen sich notwendige Veränderungen an, kann es zuvor unbehaglich werden.

Wird die Betreuung des größer gewordenen Babys immer schwieriger, aufwendiger und anstrengender, so wünschen sich die allermeisten Mütter, die ich kennengelernt habe, jemanden, der sie zeitweise in ihrer *Mutterrolle* entlastet. Für viele Väter wird diese mütterliche Rolle aber immer unpassender und unbehaglicher. Auf dem Weg, die jetzt für sie passenden Strategien der *Vaterrolle* zu finden, ergeht es ihnen oft ganz ähnlich wie den Kindern in dieser Entwicklungsstufe. Sogar die Reaktionen können sehr ähnlich sein. Nur zeigen sie sich eben der Partnerin gegenüber. Es kann offene Konflikte oder Scheingefechte geben, aber auch Verweigerung, Rückzug und Resignation.

Betrachtet man die Schilderung über Sarah, so haben eigentlich *beide* Eltern recht. Die Mutter liegt richtig damit, dass die Lösung etwas mit dem Vater zu tun hat. Der Vater liegt richtig damit, die mütterlichen Strategien zu hinterfragen. Sogar mit der etwas zwiespältigen Form des Hinterfragens treffen Väter den Punkt sehr genau. Es ist ja nicht so, dass die bisherigen bewährten Lösungen der Mutter jetzt außer Kraft gesetzt werden können. Viele rücken aber schrittweise und zunehmend auf den zweiten Platz.

Was jetzt gefragt ist, ist das Spezialgebiet des Vaters – Veränderung!

Etwas Neues beginnt. Aber was?

Natürlich handelt es sich dabei nicht gleich um eine Expedition an den Nordpol. Es beginnt alles mit kleinen Schritten. Die einzelnen Details, um die es im direkten Umgang mit Kindern dieses Alters geht, sind so vielfältig, dass ihnen noch ein ganzer Buchabschnitt gewidmet sein wird. Im Wesentlichen wird es dabei um beginnende Regeln wie unter Erwachsenen gehen, eine bestimmte Form des Sprechens dem Kind gegenüber und um Respekt vor dessen persönlichen Bereichen. Dazu gehören auch Entscheidungen des Kindes über sich selbst und das gezielte Ermöglichen von Eigeninitiative und Handlungsplänen.

Rein praktisch-organisatorisch geht es jetzt prinzipiell aber erst einmal um gemeinsame Zeit zwischen Vater und Kind.

Mit Papa zu zweit

Und zwar geht es um gemeinsame Zeit, nur Papa und Kind – alleine, ohne Mama. So wie die Mutter in *ihrer* Zeit benötigen Vater und Kind jetzt ihre eigenen Erfahrungen miteinander. Im Idealfall findet das auch nicht unbedingt im allseits bekannten Kinderzimmer statt. Der Fantasie der Väter sind hier keine Grenzen gesetzt. Es geht um Neues, kleine Abenteuer und was Vätern selbst Spaß macht. Kurze Ausflüge zu neuen Orten, jemanden besuchen, einkaufen gehen oder sogar in einem kleinen Lokal etwas essen gehen, kann anfänglich für alle Beteiligten aufregend genug sein. Je nach motorischen Fähigkeiten sollte das Kind dabei viel freie körperliche Bewegungsmöglichkeit bekommen.

Sind die ersten Versuche gut gegangen, kann man zunehmend die Zeit auch auf Situationen ausdehnen, die bisher eventuell nur mit Mama zu bewältigen waren. Meist sind das Essenszeiten (wunderbar beim Abstillen!) und Schlafenszeiten. Einer der wichtigsten Grundsätze dabei ist, das Kind nicht zu überfordern.

Verlangt das Kind nach der Mama, sollte es die Erfahrung machen, dass Papa das versteht und ernst nimmt. Das muss nicht heißen, dass er gleich alle Zelte abbricht. Eventuell reicht es schon zu sagen: »Ah, du suchst die Mama«, oder mit Mama zu telefonieren, ein Foto von ihr anzusehen, sie suchen zu gehen oder ihr »entgegenzugehen«.

Dass Ausflüge alleine mit Papa direkt ein »Heilmittel« sein können, sieht man auch bei größeren Kindern oder solchen mit Problemen.

Ich erinnere mich an die Erzählung eines Vaters, der nach einem von uns empfohlenen Spaziergang im Klinikgelände mit seinem kleinen Sohn **Daniel** zurückkam. Daniel war dreizehn Monate, konnte abends nur mühsam und nur an der Brust einschlafen und hatte gerade gehen gelernt.

Unsere Klinik liegt in einem weitläufigen Park mit vielen verschiedenen Pavillons und mit verzweigten Straßen und Gehwegen. Sich dort zu verlaufen kommt gar nicht selten vor. So war es auch diesem Vater ergangen. Er erzählte, dass er ratlos an einer Kreuzung stehend, sich selbst fragend, laut vor sich hin gesagt hatte: »So. Und wie gehen wir jetzt?«

Unerwarteterweise bekam er eine prompte Antwort. Und zwar von seinem kleinen Sohn, der bisher noch kaum ein Wort gesprochen hatte: »Da«, hatte Daniel gesagt und mit seiner Hand klar in eine Richtung gedeutet. »Glaubst du?«, hatte der verblüffte Vater nachgefragt und da er den Weg ja wirklich nicht wusste, war er auch tatsächlich darauf eingegangen. Zu seiner doppelten Überraschung hatte Daniel nicht nur gesprochen, sondern auch noch vollkommen recht gehabt. Wohlbehalten landeten die beiden wieder auf der Station.

Idealer hätte das Projekt »Vater-Sohn-alleine-unterwegs« gar nicht laufen können. Selbst wenn Daniels bravouröser Tipp nicht ganz der richtige gewesen wäre, hätte sich der kleine Ausflug schon mehr als gelohnt. Für Kleinkinder ist es eine große Ehre, vom Vater überhaupt mitgenommen zu werden! Vom Vater auch noch (wenn auch unabsichtlich) gefragt zu werden, toppt das noch. Und in seiner Entscheidung für voll und ernst genommen zu werden, ist fast das Kleinkindparadies.

Müßig zu sagen, dass Daniel zwei Kopf größer schien, als er zurückkam. Wer so vom Vater gestärkt wird, kann plötzlich auch anderes lösen. Gemeinsam mit Papa schaffte er bald danach auch, ohne Brust einzuschlafen.

Was Väter von ihren kleinen gemeinsamen Ausflügen manchmal erzählen, ist gelegentlich so untypisch für das Kind, dass manche Mutter es gar nicht glauben kann. »Nein, dass Luise mit dir bei McDonalds einen Teller voll Pommes gegessen hat, glaube ich dir einfach nicht!«, rief einmal eine Mutter aus. Luise war damals eineinhalb Jahre alt und hatte doch eigentlich ein Essproblem. Und in Wahrheit war der Vater eigentlich nur schnell mit ihr in das Fastfoodlokal eingekehrt, weil er selbst Hunger gehabt hatte. Dass ihm seine kleine Tochter dort die Pommes wegessen würde, war natürlich mitnichten eingeplant gewesen. Der Vater erzählte, dass es ihn selbst verblüfft habe.

Die Mutter glaubte die Geschichte letztendlich erst, als sie sich wiederholte und der Vater auf seinem Handy – als Beweis – ein Video davon aufnahm.

Dass sich kleine Kinder ihrem Vater gegenüber oder in dessen Gegenwart anders verhalten, je nachdem, ob die Mutter anwesend ist oder nicht, ist ein weit verbreitetes Phänomen. »Er hat ganz lustig mit mir gespielt, kaum ist die Mutter hereingekommen, war er wieder weinerlich und hat seinen Schnuller gebraucht! Bitte, warum ist das so?«

Das kann natürlich verschiedene Ursachen haben, aber in einem bestimmten Alter bedeutet es meist genau das, was der Vater beschreibt: »Bei Papa bin ich groß, bei Mama noch ein Baby.« Trägt man beide Seiten in sich herum, so kann es schon vorkommen, dass man sie zunächst so aufteilt.

Gut, dass der Vater mit dem Kind zuvor alleine war und es überhaupt Gelegenheit bekam, ihm diese andere Seite zu zeigen. Als Empfehlung kann man sagen: Je öfter ein Kind solche Zweiersituationen mit Papa erlebt, umso früher kann es seine »große« und andere Seite dann auch Mama zeigen.

Das Problem bei solchen »Splittinglösungen« des Kindes ist folgendes: Solange Mama ausschließlich die Babyseite ihres Kindes erlebt, kommt sie nicht im Traum darauf, dass das bei Papa anders laufen könnte. »Wenn das Kind (das Füttern, das Schlafenlegen und Ähnliches) schon für mich so anstrengend und schwierig ist, bitte, wie soll das dann erst der Vater alleine schaffen?« Ja, das kann sich dann auch so mancher Vater nicht vorstellen. Hat er sein Kind bisher überhaupt nur zu dritt, immer nur im Beisein der Mutter erlebt oder maximal während sich diese im Nebenzimmer aufhält, wird er das möglicherweise ganz genauso sehen.

Hält der Vater sich simpel weiter an die bisherigen Regeln der

Anfangszeit und überlässt der Partnerin weiterhin das Stück Führung, so könnte es mit den für das Kind so hilfreichen Vater-Kind-Ausflügen unter Umständen nichts werden.

Dass Väter in dieser Altersklasse oft so durchschlagende Erfolge haben, liegt nicht nur daran, dass ein Vater vieles anders als die Mutter *macht*, sondern ebenso an der magischen Tatsache, dass der Vater eben nicht die Mutter *ist*. Aus Sicht des Babys ist er der Andere – der Gegenpol zur »Zweiheit«.

Ich und du

Babys wachsen erst langsam in komplexe soziale Beziehungsgeflechte hinein. Zu Beginn sind sie vor allem Zweierwesen. Das heißt, sie sind anfänglich ideal ausgerüstet, sich auf nur *einen* Partner einzustellen. Manchen kleinen Babys kann man das direkt »ansehen«. Liegen sie bei Mama im Arm – ähneln sie der Mutter; liegen sie aber bei Papa im Arm – ähneln sie dem Vater. Auch wie es demjenigen gerade geht, bei dem man im Arm liegt, teilt sich dem Baby auf direktem Wege mit. Sie sind, was ihre Stimmungslage betrifft, einfach mit an Bord.

Während die erste Zweierbeziehung zu Mama eine fast unabgegrenzte »Zweiheit« mit ihr bedeutet, in der das Baby wohlig geschützt heranreifen kann, wird das während des zweiten Halbjahres und bei Papa anders. Da ist man zwar auch zu zweit, aber bei ihm gibt es keine »Zweiheit«. Bei ihm gibt es ein »Ich und du«.

Auf welche Weise Väter das neue System installieren, ist fast ein Geheimnis. Das Geheimnis liegt so wohl verborgen, dass es Vätern oft selbst nicht bewusst ist. Eines der wesentlichen Prinzipien lautet: *Du* zeigst, was du brauchst – *ich* reagiere. Und zwar genau in dieser Reihenfolge.

Hält Baby Sarah dem Vater die Spieluhr entgegen, reagiert er. »Ah, soll ich die wieder einmal aufziehen?« Abgesehen von der Musik gibt es für Sarah, ganz unbemerkt, aber noch etwas anderes dazu: Das Erste könnte man die »Autorschaft« nennen, denn immerhin war die Sache mit der Spieluhr Sarahs eigene grandiose Idee gewesen. Und zweitens gibt es eine Dosis Bestätigung, dass sich Eigeninitiative lohnt. Papa hat ja immerhin prompt reagiert. Das Ganze ergibt eine Portion Erfahrung, dass man selbst eigentlich recht wirksam auf die Welt Einfluss nehmen kann. Und das alles gab es zusätzlich zur Melodie!

Natürlich machen das auch Mütter so.

Um als Prinzip zu funktionieren, gilt aber für viele Väter allerdings auch der Umkehrschluss: Gibt es *keine* Initiative des Kindes, gibt es oft auch *keine* Aktivität von Papa. Wenige Väter sehen sich ohne ersichtlichen Bedarf zu Handlungen veranlasst. Im praktischen Alltag kann dies zu typischen Dialogen zwischen den Eltern führen.

Kommt die Mutter um fünf von einem Ausgang zurück und fragt: »Hat Sarah um vier ihren Brei bekommen?«, antwortet der Vater: »Nein, sie hat keinen verlangt.« »Aber du weißt doch, dass sie immer um vier ihr Essen braucht!«

Aus mütterlicher Sicht gibt es für diese oft typisch-väterliche Vorgehensweise und Haltung wenig Applaus. Gar nicht selten übernehmen Väter selbst sogar diese Sichtweise und meinen »Meine Frau ist da einfühlsamer«, »Meine Frau denkt da mehr dran«. Man könnte fast auf die Idee kommen, dass sich mancher schuldbewusst fühlt, nicht ebenso vorauseilend wie die Mutter Verschiedenes eingeplant zu haben.

Was für die Zeit der »Zweiheit« durchaus gelten mag – ein Papa ist keine Mama –, bekommt in der Zeit des »Ich und du« aber einen ganz anderen Stellenwert. Dem Kind die Initiative zu überlassen, nicht viel vorauszudenken, sondern so wie das Kind selbst im Hier und Jetzt zu bleiben, ist ganz wunderbar und passend. Es können sich daraus sogar Überraschungen ergeben. So wie bei Sarah. Denn wenn sie ohne Mahlzeit um fünf Uhr noch immer lustig ist, gibt das jetzt auch Mama zu denken. Vielleicht kommt Sarah beim Essen wirklich schon mit größeren Abständen aus?

Jetzt hat Papa schon wieder was verändert!

Neue Regeln – Vaterspiel

»Ich kann gar nicht hinschauen!«, ruft Lenas Mutter aus und schaut fast verzweifelt. Papa wirbelt Lena beim Spielen wieder einmal durch die Luft. »Bitte, nicht so wild!« »Aber es macht ihr doch Spaß!« Richtig. Lena ist schwer begeistert. Sie strahlt über das ganze Gesicht. Bitte das Ganze noch einmal, scheint sie zappelnd zu verlangen. Irgendwie beruhigt das jetzt auch die Mutter. Begeistert ist sie allerdings nicht.

Vater verschiebt wieder einmal die Grenzen. Er verschiebt sie sogar gleichzeitig bei Lena und deren Mutter. Ganz super! Lob von der Partnerin gibt es dafür aber trotzdem eher nicht.

Lena fühlt sich beim Hinaufwerfen zwar gelegentlich etwas mulmig, bei der sicheren Landung in Vaters Armen ist es dann aber ganz toll. Wie auf einer Achterbahn ist es eine Mischung aus Angst und Lust. Ein wenig Mut braucht es schon dazu. Lena erfährt soeben, dass sich Mut echt lohnen kann.

Dass Mama dabei so besorgt dreinschaut, allerdings ohne wirklich einzugreifen, ist für Lena das nächste Spannende daran. Ein bisschen anderer Meinung als Mama kann man also sein. Oder? Wie geht Papa damit um?

Dass Lena und auch deren Vater anderer Meinung sind als sie selbst, erlebt jetzt auch die Mama. Lena macht mithilfe von Papa ihr eigenes Ding. Die Mutter greift nicht ein, weil auch sie sieht, wie gut es Lena dabei geht. Hätte Lena begonnen zu weinen, wäre das Spiel sicher sofort abgebrochen worden.

Dieser Punkt illustriert auch sehr gut die neuen Spielregeln. Solange es dem Kind guttut, ist auch die Mutter motiviert. Das ist die einzige Voraussetzung. Nur dann kann sie das »anders« Sein und Handeln des Vaters akzeptieren. Lob und Anerkennung für dessen Tun halten sich allerdings meist in Grenzen. Zur Entlastung in dieser Zeit wünschen sich Mütter eine würdige Vertretung. Jemand, der genauso wie sie selbst all das, was sie selbst dem Kind gegenüber so machen und bedenken, stellvertretend übernimmt.

Beginnt die Zeit der Verselbstständigung des Kindes, so gilt dieser Prozess der »Emanzipation« ebenso für den Vater selbst. Auch er muss jetzt beginnen, sich vom bisher gültigen Wertesystem der mütterlichen Sichtweisen und Strategien zu lösen. Ganz allgemein bedeutet »unabhängig werden« ja zu erlernen, sich ein Stück auf sich selbst zu verlassen. Das ist gar nicht so leicht. Wie macht man das? Wo sind die Grenzen? Was ist trotzdem noch im Einvernehmen mit der Partnerin? Ganz ähnliche Fragen stellen sich jetzt auch dem Kind. Und zwar der Mutter gegenüber.

Auf ganz wundersame Weise stehen Väter und Kleinkinder in dieser Zeit also ganz genau vor dem gleichen Dilemma.

Im zweiten Halbjahr entsteht eine besondere Verbindung zwischen Vätern und Babys. Ähnlich wie eine Mutter in den ersten Monaten den direkten Draht zum kleinen Baby hat und sich sprichwörtlich selbst so *fühlen* kann, genauso kann es nun dem Vater – mit dem etwas größeren Baby – ergehen. Auch er kann sich jetzt buchstäblich selbst so *fühlen*. Vor allem was Grundstimmungen betrifft, gibt es zwischen Vater und Kind oft einen erstaunlichen Gleichklang. Warum sich Väter jetzt auf ihre ureigensten Gefühle und Babys Reaktion darauf verlassen können, hat auch mit einer weiteren Besonderheit der Vaterrolle zu tun.

Eine Besonderheit der Vaterrolle

Dass sich viele väterliche Verhaltensweisen und Haltungen Ende des ersten Lebensjahres in ihrem Wert geradezu in ihr Gegenteil verkehren, ist den wenigsten Eltern bewusst. Was Mütter als »zu tief schlafen, um das Baby weinen zu hören« und Ähnliches erleben, wird plötzlich Teil einer Lösung. Als Beispiele dafür kann man die Themen Abstillen und kindliche Schlafprobleme anführen.

Dass ein Vater nicht stillen kann, mag ihm in den ersten sechs Monaten als Nachteil erscheinen. Nicht nur das Sättigen, sondern auch Beruhigen, Trösten und Einschlafen fallen mit einer stillenden Brust zweifellos leichter. Geht es aber ums Abstillen, wird der Nachteil plötzlich zum Vorteil. Weil es bei Papa eben *keine* Brust gibt – das ist jedem Baby klar –, kann es gerade dadurch, Schritt für Schritt, neue Lösungswege ausprobieren und finden.

Das Geheimnis der Väter liegt dabei vor allem in der *Alternative*. Beim Essen kann das beispielsweise eine ganz grundsätzlich andere Art sein, Nahrung zu reichen. Wie sehr das Babys Entwicklungsbedürfnissen entgegenkommt, kann man an der Geschichte von Baby Carl und seinem Onkel sehen.

In der Zeit der Autonomie will das Baby auch beim Essen selbstständig handeln und entscheiden lernen. Die vertraute Brust gegen einen von Mama eingelöffelten Brei einzutauschen, ist für das Kind manchmal wenig verlockend. Sich hingegen bei Papa auf dem Schoß sitzend aus dessen Suppe selbstständig Stückchen herauszufischen, ist ein hervorragendes Geschäft. Natürlich nur, wenn man sich das auch selbst in den Mund stecken darf.

Ebenso gilt dieses Prinzip für Babys nächtliches Aufwachen. Für ein kleines Baby ist der leichte Schlaf der Mütter in den ersten Lebensmonaten lebensnotwendig. Bei größeren Babys wird das anders. Der meist tiefere Schlaf der Väter, der anfangs das kleine Baby geradezu gefährden würde, verwandelt sich Ende des ersten Lebensjahres in sein Gegenteil. Er wird für das Kind zu einer exzellenten Hilfe, um durchschlafen zu *erlernen.*

Abstillen

Abstillen kann sich manchmal ebenso schwierig gestalten wie der Beginn des Stillens. Verwirrung herrscht eventuell schon bezüglich des richtigen Zeitpunktes. Von Kinderärzten wird Stillen derzeit bis zum sechsten Lebensmonat empfohlen. In manchen Stillgruppen wird es sogar bis ins Kindergartenalter propagiert. Auch in anderen Kulturen wird es oft lange praktiziert. Also wie jetzt? Welche Rolle fällt Vätern dabei zu?

Ganz allgemein ist Stillen und Stilldauer primär eine Sache zwischen Baby und Mutter. Geht es allen Beteiligten damit gut – Vater inklusive – und entwickelt sich das Kind unproblematisch, gibt es keinen Grund, sich nach irgendwelchen Vorgaben zu richten. Speziell wenn der Stillbeginn schwierig war oder Mutter und Kind getrennt oder belastet waren, haben die beiden oft noch etwas aus früherer Zeit nachzuholen. Auch das soll seinen Platz haben.

Stillen sollte allerdings weder mit altersgemäßer Ernährung kollidieren noch Entwicklungsfortschritte blockieren. Isst das Kind problemlos und verlangt quasi nur zum Dessert noch etwas Muttermilch, so gibt es wenig Grund, sich Sorgen zu machen. Ähnliches gilt für das Einschlafen. Das Problematische ist nicht das lange Stillen an sich, sondern die eventuelle Alternativlosigkeit dazu und die Abhängigkeit des Kindes davon. Das heißt, wenn das Kind gegen Ende des ersten Lebensjahres gar nicht anders satt werden, nicht anders einschlafen oder sich nicht anders beruhigen kann. Die Brust als anfängliches Universalmittel für »alles« wie Hunger, Durst, Frust, Liebesbedürftigkeit, Einsamkeit, Müdigkeit, Langeweile und Verletzung soll – entwicklungsgemäß – ja neuer Differenziertheit Platz machen.

Während das Gestilltwerden in den ersten sechs Monaten eigentlich nur Vorteile für das Baby hat, können sich in der Zeit danach eben zunehmend auch Nachteile entwickeln. Ist die anfängliche Seite Nähe, Liebe und Versorgung, so heißt die möglich auftauchende Kehrseite Unselbstständigkeit, Abhängigkeit und das Aufrechterhalten familiärer Asymmetrie.

Väter, die eine solche Abhängigkeit ihres Babys von der Mutter zunehmend ärgerlich macht, sollten deshalb dieses Gefühl ernst nehmen. Es ist sehr wahrscheinlich, dass ihr Kind zum Teil ganz ähnlich fühlt.

Überlanges Stillen kann sogar direkt als Machtfaktor eingesetzt werden. So erzählte einmal eine junge Mutter, dass sie schon während der Schwangerschaft innerlich beschlossen hätte, besonders lange zu stillen. Sie plante bewusst, auf diese Weise die begehrlichen Pläne ihrer Schwiegereltern, das Baby betreffend, zu verunmöglichen. Das Motto lautete, solange das Kind gestillt werden muss, wird es weder ganze Tage bei den Großeltern verbringen können, geschweige denn ganze Nächte.

Väter sollten sich in solchen Fällen nicht verunsichern lassen. Dass ein Kind noch gestillt wird, ist kein Grund, auf die so wichtigen Vater-Kind-Ausflüge zu verzichten. Eigentlich ganz im Gegenteil. *Besonders* Kinder, denen dieser Entwicklungsschritt schwerfällt, können davon profitieren. Ich kenne nicht wenige vollgestillte Kleinkinder, die anlässlich solcher Ausflüge erstmalig an Pizza und Würstchen herumgeknabbert haben. Es muss nicht immer Brei oder Flasche sein und auch keine vollständige Mahlzeit.

Für Mütter, die abstillen wollen, ist der Vater der wichtigste Verbündete. Schon wenn er genüsslich neben dem gerade an der

Mutterbrust nuckelnden Baby verlockende Erdbeeren (oder ähnliches »Fingerfood«) isst, kann das Auswirkungen haben. Vor allem dann, wenn diese interessanten Sachen in Reichweite des Kindes stehen.

Väter brauchen also überlanges Stillen weder schicksalsergeben hinzunehmen, noch sollten sie allerdings versuchen, der Mutter diesbezüglich Vorschriften zu machen. Was sich zwischen Mutter und Kind abspielt, ist das eine. Was sich zwischen Vater und Kind abspielt, ist hingegen das andere. Für Vater und Kind geht es vor allem darum, *Alternativen* zu entwickeln. Die ersten Alternativen zum Stillen sind natürlich Essen und Trinken. Wie bei Carls Onkel, macht's Papa vor. Wenn man hungrig ist, nimmt man Nahrung in die Hand und lutscht daran oder beißt hinein. Ist man durstig, versucht man einen Schluck aus Papas Glas. Kann schon sein, dass Baby damit nicht gleich ganz satt und zufrieden wird, aber zunächst geht es nur um das Grundprinzip. Am ersten Schultag kann man auch noch nicht lesen und schreiben. Bei jeder Wiederholung geht es aber einen Schritt weiter.

Väter sollten sich zunächst keine zu hohen Ziele stecken. Abstillen heißt auch umlernen und ist ein längerer Prozess. Es geht dabei um viele kleine Schritte – allerdings in die richtige Richtung. Ganz ähnlich funktioniert das auch beim Schlafenlegen ohne Brust. Auch wenn es nicht gleich gelingen mag, hat es schon Auswirkung, dass Papa es überhaupt versucht. Beim nächsten Mal geht es wieder ein Stück weiter. Sowohl Vater als auch Kind müssen ja erst etwas Neues entwickeln.

Sogar beim nächtlichen Stillen kann Papa zur Geheimwaffe werden. Ist das nächtliche Nuckeln nurmehr Gewohnheit, kann zum Beispiel ein Seitenwechsel helfen. Das Baby liegt dann auf Papas Seite. Erst wenn es sich dort von ihm gar nicht beruhigen lässt, hebt es Papa zu Mama hinüber.

Schlafprobleme

Kindliche Schlafprobleme sind ein weit verbreitetes Phänomen. Während ein Großteil der Eltern in den ersten Monaten auf unruhige Nächte eingestellt ist, so werden diese nächtlichen Ruhestörungen, je länger sie andauern, zunehmend zu einer echten Belastung.

Betroffen ist dann die gesamte Familie. Ein unseliger Kreislauf kann beginnen. Sind die Eltern unausgeschlafen, so leidet auch das Kind darunter. Unausgeschlafene Eltern sind auch tagsüber weniger belastbar. Schlafmangel macht unaufmerksam und ungeduldig. Spannungen zwischen den Eltern untereinander können dadurch entstehen. Das wiederum kann zu einer weiteren Ursache für Babys Schlafprobleme werden. Man dreht sich im Kreis.

Der Umgang mit kindlichen Schlafproblemen folgt ganz genau der Zweiteilung des ersten Lebensjahres. Während Babys im ersten Halbjahr beim Schlafen auf mütterlich einfühlsamen Ausgleich und Regulation angewiesen sind, ändert sich das im zweiten Halbjahr. Ab jetzt geht es Kindern darum, die eigenen Körperfunktionen selbst in den Griff zu bekommen. Ihre Entwicklungsaufgabe ist nun, selbstständig Kontrolle über Essen, Stuhlgang und Schlaf zu erlangen. Das ist natürlich ein langer Weg und geht nicht von heute auf morgen.

Anhand kindlicher Schlafprobleme und deren Lösungen kann man fast beispielhaft den Unterschied zwischen mütterlichen und väterlichen Strategien abhandeln.

Neugeborene und kleine Babys in den ersten Monaten können sich nur begrenzt selbst beruhigen. Eltern beziehungsweise Mütter tun gut daran, sich der Mühe zu unterziehen, spezielle Einschlaftechniken zu entwickeln. Summen, tragen, schaukeln, herumgehen, Brust geben, Schnuller raus, Schnuller rein – die Variationen und Reihenfolgen sind vielfältig.

Auch etwas sehr Wichtiges dieser Zeit haben mütterliche Eltern schnell heraus – nämlich abzuwarten, bis das Baby wirklich und definitiv eingeschlafen ist. Oft kann man das am Erschlaffen der Händchen erkennen. Lässt man ein Baby zu früh alleine oder legt es zu früh aus den Armen hinüber ins Bettchen, wacht es nämlich sehr schnell wieder auf.

Auch nachts sind Neugeborene und kleine Babys noch von ihren Müttern abhängig. Besser gesagt von deren leichtem Schlaf und feinem Gehör. Mütter kleiner Babys entwickeln richtiggehende »Luchsohren«. Das ist auch notwendig, denn die ganz Kleinen können ihren Blutzuckerspiegel noch nicht ausreichend lange konstant halten. Alle paar Stunden benötigen sie etwas Nahrung. Sinkt der Blutzucker ab, werden sie unruhig, wachen auf und weinen.

Zwischen sechstem und siebtem Lebensmonat ändert sich das. Viele Babys verlängern deshalb ganz von selbst zu dieser Zeit die nächtlichen Intervalle. Sie können jetzt nachts immer länger ohne Nahrung auskommen. Oder sagen wir besser »könnten«.

Viele Babys wachen nämlich trotzdem auf. Paradoxerweise tun sie dies manchmal sogar häufiger als je zuvor. Und auch das Schlafenlegen wird immer mühsamer und benötigt immer länger. Was ist da los?

Mit sechs, sieben Monaten ändert sich nicht nur die Stabilität des nächtlichen Blutzuckers. Es ändern sich auch viele andere Fähigkeiten des Babys. Das gilt ebenso in Hinsicht auf den Schlaf. Auch diesbezügliche Fähigkeiten wollen, wie so vieles andere, jetzt geübt werden. Der allererste Schritt dazu ist das selbstständige Einüben des *Ein*schlafens.

Kann man *Ein*schlafen, kann man nämlich meist auch *Durch*schlafen. Auch wir Erwachsenen wachen genau genommen nachts regelmäßig auf und schlafen danach gleich wieder ein. Wir erinnern uns nur nicht daran. Durchschlafen heißt letztendlich nichts anderes, als nachts immer wieder erneut *ein*zuschlafen und dadurch die einzelnen Schlafphasen miteinander zu verbinden.

Sowohl zum Einschlafen als auch Durchschlafen können Väter ganz hervorragend beitragen. Manchmal sind sie geradezu das Wundermittel dafür.

Was das Einschlafen betrifft, so müssen sich Babys zuallererst das Wichtigste dazu aneignen: Sie müssen ihre eigene höchstpersönliche Einschlaftechnik entwickeln. Dass Eltern dieses Einüben einer eigenen Einschlaftechnik mit der Unfähigkeit einzuschlafen verwechseln, ist eines der häufigsten Missverständnisse bei diesem Thema. Es ist die Ursache vieler kindlicher Schlafprobleme.

Eine eigene Einschlaftechnik finden

Wir Erwachsenen haben alle unsere eigene Einschlaftechnik und wir haben sie uns angeeignet. Das Kopfkissen muss gerade oder schief oder eingerollt liegen. Die Bettdecke muss die Beine bedecken oder darf dies keinesfalls. Wir selbst positionieren uns auf der rechten oder linken Seite, Knie angezogen oder eben nicht, auf dem Rücken oder auf dem Bauch. Und dann bitte Ruhe. Und ganz ehrlich: Wüssten wir dabei zwei Augenpaare auf uns gerichtet oder spürten immer wieder eine streichelnde Hand oder ein Streichen der Bettdecke, so würde uns das sogar beträchtlich stören. So etwas entspannt nicht. So etwas weckt auf.

Im zweiten Lebenshalbjahr beginnen langsam ganz genau solche Spielregeln. Den kleinen Kindern kann es schon ganz ähnlich gehen wie uns Erwachsenen. Und ganz offensichtlich kollidieren diese neuen Spielregeln frontal mit den bisherigen mütterlich-elterlichen Einschlafritualen. Während man bisher eventuell wirklich bis zum definitiven Einschlafen des kleinen Babys aktiv beitragen musste, ändert sich das jetzt.

Die Einschlaftechniken, mit denen Babys zuallererst beginnen zu experimentieren, haben oft sehr viel mit den Techniken zu tun, die sie bisher durch ihre Mütter/Eltern erlebt haben. Viele Babys, die zum Einschlafen gehend herumgetragen wurden, robben sich dann selbst durch das Gitterbett. Solche, denen beruhigend vorgesungen wurde, lautieren unter Umständen meditativ selbst vor sich hin.

Eine der eindrücklichsten Einschlaftechniken erlebte ich auf unserer Station bei einem kleinen afrikanischen Adoptivkind.

Tizita war noch nicht ganz ein Jahr alt und noch ein Krabbelkind. Sie war sehr lebhaft und die Adoptiveltern aufgrund Tizitas Schlafproblemen schon sehr verzweifelt. Das Niederlegen dauerte täglich mehrere Stunden und beinhaltete regelmäßige Schreikonzerte. Nachts dann das Gleiche. Alle guten Tipps hatten die Eltern schon durchprobiert. Auch uns auf der Station war das Problem nicht ganz klar.

Wenn Eltern und ganz allgemein Erwachsene mit ihrem Latein am Ende sind, macht es allemal Sinn, die Meinung des Kindes einzuholen. Unsere Frage lautete also: »Bitte, Kind, was ist dein Problem? Was wäre denn deine Lösung?« Bei Kleinkindern, die noch nicht sprechen können, heißt das, ihnen einmal gezielt die Möglichkeit zu geben, eben zu zeigen, was sie meinen.

Die sonst üblichen »Befragungen« im Gitterbett und auch im Bett der Mutter misslangen gründlich. Tizita schrie weiterhin und wollte nichts als raus.

Schließlich hatten wir die passende Regie gefunden. Die Mutter sollte sich zum Einschlafen mit dem Mädchen auf einer Matratze auf dem Boden niederlegen. Dort könnte Tizita selbstständig weg und auch nicht herunterfallen. Die Mutter sollte sich schlafend stellen und nicht eingreifen. Dass die Türe zum Gang offen bleiben musste, hatten wir auch schon herausgefunden. Die Nachtdienstschwester würde ein Auge auf Tizita haben.

Am aufschlussreichen Abend bezog Tizita also gemeinsam mit ihrer Mutter die Matratze. Kaum dort, krabbelte sie auch schon weg. Sie machte zunächst eine kurze Erkundungsrunde im Zimmer. Als sie zur offenen Türe kam, krabbelte sie hinaus auf den abgedunkelten, scheinbar menschenleeren Gang. Ganze dreißig Minuten lang krabbelte sie dort auf allen vieren auf und ab, auf und ab. Zehn Meter hin und wieder zurück. Gelegentlich leise vor sich hin lautierend, zog sie sich hin und wieder an einem Sessel hoch und ließ sich dann wieder auf die Knie fallen. Es gab kein einziges Schreien.

Nach dieser halben Stunde motorischen »Act-outs«, wurde sie in ihren Bewegungen langsamer und entschied von selbst, wieder zu ihrer Mutter zu krabbeln. Sie hatte kein Problem, die richtige Tür zu finden. Im Zimmer der Mutter angelangt, warf sie die Tür hinter sich zu (!) und legte sich zu ihrer Mutter auf die Matratze. Dort kuschelte sie sich an und schlief prompt und selbstständig ein.

Warum Tizita abends ein dermaßen großes Bedürfnis nach motorischer Aktivität hatte, kann ich nicht erklären. Niemand weiß, was sie früher in Afrika diesbezüglich erlebt hatte.

Im Umgang mit ihrem Schlafproblem war die »Befragung« jedenfalls sehr hilfreich. Ausgehend von solchen Bedürfnissen kann man diese zu Hause ermöglichen, einbauen und auch weiter adaptieren. Es gibt sicher auch Erwachsene, die abends vor dem Einschlafen gerne noch einen besinnlichen Abendspaziergang machen.

Für mich selbst war es zu diesem Thema meine erstaunlichste Geschichte. Das Grundprinzip selbst ist mir aus meiner Arbeit her aber sehr vertraut. Es gibt Kinder, die länger als eine halbe Stunde Gehübungen entlang der Gitterstäbe ihres Bettchens machen. Und solche, die sich nach dem Aufziehen zigmal zurück auf ihre Matratze zurückfallen lassen. Manche treten wie »Wildhunde das Steppengras« – also ihre Bettdecke – nieder, bis die Mulde passt. Prinzipiell haben alle diese Techniken so etwas wie meditativen Charakter. Monoton werden Geräusche geklopft oder rhythmisch mit dem Kopf gewackelt.

Bedenkt man, dass die mütterlich-elterlichen Einschlafhilfen der ersten Monate wirklich das Abwarten des definitiven Einschlafens beinhalteten, so kommt das direkt einem Systembruch nahe. Was bisher dem Baby geholfen hat, beginnt es jetzt zu stören. Ebenso gilt das natürlich für bisher verwendete Baby-Schlafsäcke. Obwohl es manchen Babys trotz der dadurch verursachten Bewegungseinschränkung gelingt, im Bett herumzuturnen, sind manche Einschlaftechniken dadurch doch äußerst erschwert. Nicht immer geht es außerdem so ruhig ab wie bei Tizita. Müde sein und nicht einschlafen können, kann unangenehm sein, da kann man dazwischen schon auch grantig werden.

An diesem Punkt entzünden sich auch viele heiße Diskussionen. Der Diskussionspunkt, kurz gefasst, heißt: Soll man das Kind nun schreien lassen oder nicht? Die Antwort lautet ziemlich klar: Nein. Aber man muss zwischen zwei Arten der Lautkundgebung des Kindes unterscheiden

Alle gleichförmigen Handlungen und Geräusche, die kleine Kinder während ihrer Selbstberuhigung so machen, gehören zur Einschlaftechnik. Dazu gehört auch gelegentliches Aufweinen. Diese Form dieses Aufweinens hört sehr rasch wieder von selbst auf und steigert sich weder in Lautstärke noch Intensität. Würde man versuchen, grafisch darzustellen, was Kinder beim Einschlafen so machen, so ergäbe es ein bandförmiges Muster. Alles bleibt irgendwie gleich. Das bedeutet »Bitte nicht stören. Ich versuche gerade einzuschlafen«. Auch liebevollstes Bettdeckeglätten, ja sogar das Kind anzusehen, sollte man sich jetzt versagen.

Nehmen hingegen Intensität und Lautstärke des Aufweinens zu, so bedeutet es: »Heute brauche ich doch etwas Hilfe dabei.« Genau hinzuhören ist also das Wichtigste dabei, um den Unterschied herauszufinden.

Im Fall, dass das Kind wirklich Hilfe benötigt, so sollte diese so minimalistisch wie möglich sein. Es gibt einen ganzen Stufenplan an Hilfeleistungen, die Eltern schrittweise dem Bedarf des Kindes anpassen können. Die Devise lautet: So viel Hilfe wie notwendig, so wenig Hilfe wie möglich. Eventuell reicht schon die stille pure Anwesenheit? Bitte dabei das Kind auch nicht anschauen. So etwas wirkt auf Kinder in etwa wie eine Tasse Kaffee. In Tizitas Fall zum Beispiel war die Mutter körperlich erreichbar und hatte die Augen geschlossen.

Auch die aktive Hilfe kann man dosieren. Man muss nicht sofort das ganze Beruhigungsprogramm einsetzen. Reicht eine Berührung, muss man nicht noch zusätzlich streicheln. Reicht ein Ton der Stimme, braucht es nicht noch eine Berührung. Beginnt man solcherart mit einem einzigen Sinneskanal, kann man sich bei Bedarf dann steigern. Das allerletzte Vollprogramm wäre dann sozusagen, das Kind herauszunehmen, herumzugehen, es dabei zu wiegen und gleichzeitig zu singen.

Meiner Erfahrung nach fällt Vätern der Umgang mit dem Erlernen der Einschlaftechnik oft leichter als Müttern. Vielen Vätern kommt das minimalistische Programm selbst sehr entgegen.

Bei etwas älteren Kleinkindern kann man auch noch den Vaterbonus mit seiner großen Vorbildwirkung einsetzen. Was der Vater kann und macht, ist oft schon deshalb interessant und nachahmenswert, weil es eben der Vater kann und macht. »Soll ich dir zeigen, wie *ich* das mit dem Einschlafen mache?«, kann das Unterrichtsfach Einschlafen einleiten. Gemeinsam mit Papa das Bett zu beziehen und live zu erfahren, wie dieser sein Kissen liegen haben möchte, ist für kleine Kinder hochinteressant. Toll ist es auch, sich ebenso wie der Vater *selbst* zuzudecken. Bei der Beschreibung, wie Papa es beim Einschlafen selbst hält, ist auch wichtig, dass dieser erwähnt: »So, jetzt mache ich die Augen zu.« Das ist für kleine Kinder nämlich keineswegs selbstverständlich. Gelingt das Einschlafen nicht gleich, reicht manchmal eine kurze Erinnerung: »Augen zu!« Zum Einschlafen gibt es keine Fragen mehr, sondern nur kurze Anweisungen.

Gelegenheiten für solche Vater-Kind-Einschlafübungen ergeben sich quasi von selbst, wenn die Mutter beispielsweise abends ausgeht, Freunde trifft oder einen Kurs besucht. Wird das Kind selbstständig und erweitert seinen Aktionsradius, so gilt das ja auch ebenso für die Mutter.

Geht es um die Lösung des Problems *Durchschlafen*, empfiehlt sich für Mütter sogar vorübergehend ein Bett im Nebenzimmer zu beziehen. Nicht nur weil Mütter ein exzellentes Gehör haben. Viele wachen nachts auch noch ganz von selbst regelmäßig auf (sogar ohne Weinen des Babys). *Durch*schlafen zu erlernen, kann Babys deshalb neben dem Vater leichter fallen. Selbstverständlich können auch Väter einen leichten Schlaf haben. Aber im Allgemeinen haben sie im Vergleich zu Müttern nicht die gleichen »Luchsohren«. Schlafen sie neben dem Kind, wachen sie meist nur bei wirklich lauten Signalen auf. Was im ersten Halbjahr ein Nachteil war, verkehrt sich jetzt zunehmend in sein Gegenteil.

Denn wacht das Baby nachts kurz auf und probiert mit seiner unruhigen Einschlaftechnik wieder weiterzuschlafen, so wird es zunächst durch nichts dabei gestört. Während Mütter oft vorausschauend und vorbeugend eingreifen, reagieren Väter auch schlaftechnisch meist erst, wenn es wirklich nötig ist. Sie machen selten etwas vorbeugend. Das passt ganz hervorragend zum Durchschlafen*lernen*.

So wie gehen lernen ist auch durchschlafen lernen ein Reifungsprozess, der geübt werden muss.

Tipps für die Zeit der Mutter:

- Lassen Sie das Kind Zeit alleine mit dem Vater verbringen.
- Rechnen Sie damit, dass es dabei anders zugehen wird als mit Ihnen.
- Vertrauen Sie der Intuition und den Strategien des Vaters.
- Nutzen Sie die neu entstandene Zeit und Freiheit für sich selbst und nicht nur für notwendige Erledigungen.

Tipps für die Zeit des Vaters:

- Verbringen Sie gezielt Zeit zu zweit mit Ihrem Kind – spielen Sie viel mit ihm, unternehmen Sie etwas zu zweit, was auch Ihnen Spaß macht.
- Gehen Sie auf die Pläne und Initiativen Ihres Kindes ein.

- Vergewissern Sie sich, ob bisherige Selbstverständlichkeiten des Babyalltages noch passend sind.
- Verlassen Sie sich dabei auf Ihr eigenes Gefühl und die Reaktionen des Kindes.
- Fragen Sie Ihr Kind und geben Sie ihm die Möglichkeit, selbst zu entscheiden und zu handeln. Nehmen Sie seine kleinen Entscheidungen und Pläne ernst.

6. Familie auf Kurs: Zeit des Gleichgewichtes 13–36 Monate

Mit Beginn des zweiten Lebensjahres bahnt sich die dritte große Veränderung an. Die Asymmetrie der Anfangszeit soll nun symmetrisch werden und die Polaritäten der Eltern in ein Gleichgewicht gebracht werden.

Die neue Entwicklungsphase steht unter dem Motto der Sozialentwicklung. Dem Kind stellen sich jetzt die Fragen »Wie machen das die anderen?« und »Wie gehöre ich hier dazu?«.

Während Babys im ersten Jahr vor allem Zweierwesen sind und außerordentlich von Situationen zu zweit – zuerst mit Mama und dann mit Papa – profitieren, beginnt sich das jetzt zu ändern. Nun muss das Baby auch direkte Erfahrungen mit seiner »Gruppe« machen können. Das heißt, es braucht Situationen zu dritt. Es will mit beiden Elternteilen *gleichzeitig*, als Familie, zusammen sein.

Natürlich genießen es bereits kleine Babys zweifellos, mit beiden Eltern gleichzeitig oder im größeren Familienkreis beisammen zu sein. Dem komplizierten Gruppengeschehen folgen können sie anfangs allerdings noch nicht. Es ist eines, den anzusehen, der gerade spricht. Einen ganzen Schritt weiter ist es schon, wenn das Baby in einer Gruppe dann denjenigen anschaut, der gerade *an*gesprochen wurde und erwartungsgemäß gleich antworten wird.

Im zweiten Jahr ermöglichen die zunehmenden sozialen Fähigkeiten des Kindes ihm jetzt, immer mehr und auch komplexere soziale Zusammenhänge zu begreifen. Um ein »soziales« Wesen zu werden, braucht es Vorbilder und Modelle, vor allem aber Gelegenheiten zum Beobachten und Üben.

Dieser Bedarf des Kindes stößt eine neue Entwicklung für die ganze Familie an. Auf dem Weg zum Gleichgewicht muss jetzt jeder etwas an seinem bisherigen Verhalten verändern. Neue Strategien sind gefragt. Gut angekommen ist die Familie dann, wenn jeder der Beteiligten – sowohl Kind als auch Vater und Mutter –

für sich selbst sowie auch untereinander den passenden »Platz« gefunden hat.

Bis dahin kann es noch einige Hürden geben.

Wenn das Baby nicht mitmacht

Aus der geschützten »Zweiheit« über das »Ich und du« führt der Weg in das erste »Wir«. Manchmal machen Kinder all den guten Plänen aber auch einen Strich durch die Rechnung. Oder zumindest sieht es so aus. So war es auch bei Leila.

Leila war bereits zwölf Monate und wollte noch immer nicht zu zweit mit ihrem Vater sein. Nicht einmal kurz. So viele gute Ideen hatte der Vater, was er gerne mit Leila unternehmen wollte. Aber Leila wollte lieber bei Mama bleiben. Das ärgerte und belastete sowohl die Mutter als auch den Vater. So etwas bedeutet Hürden für jeden Alltag. Ganz zu schweigen von den Schlafproblemen, die Leila außerdem noch hatte.

Auch für uns auf der Station stellte es eine Schwierigkeit dar, dass Leila nicht von ihrer Mutter zu trennen war. Wie bitte soll man da ein Video von einer Spielsituation nur mit Vater und Kind aufnehmen? Wir mussten uns also ein Ausnahmeszenario einfallen lassen.

Die Regieanweisung lautete: Während der Videoaufnahme sollte die Mutter zwar anwesend sein – aber eben nicht mit Leila kommunizieren. Sie sollte sich mit einem Buch »beschäftigt« in eine Ecke setzen und dabei zumindest so tun, als würde sie lesen. Sie sollte Leila nicht beachten, ja nicht einmal ansehen. Auf diese Weise könnte die Mutter anwesend sein und scheinbar erreichbar – aber eben auch nicht.

Alles funktionierte bestens. Die Mutter »las« absolut überzeugend in einem Bilderbuch. Es gab kein Trennungsdrama. Kaum war alles arrangiert, krabbelte Leila natürlich sofort zu ihrer Mutter. Nach einigen Versuchen, deren Aufmerksamkeit zu erregen – gab sie schließlich auf und wandte sich nun doch dem lockenden Vater zu. Eigentlich tat sie das nur mit einer halben

Kopfdrehung. »Komm, spielen wir mit den Bechern!«, sagte der Vater. Nein, kein Interesse. Sie platzierte sich schließlich genau in der Mitte zwischen ihren Eltern. Wie zweigeteilt hatte sie den ganzen Körper der Mutter zugewandt, nur Kopf und Blick waren in Richtung Vater gedreht. Dieser hatte inzwischen ein neues Spielzeug ergriffen, ein Auto. »Ja, nicht uninteressant«, schien Leila kurz zu denken, wandte sich aber schnell ab und versuchte sich jetzt einen Tisch hinaufzuhangeln. Der Vater holte sie von dort weg und brachte sie zurück zum Auto. Kurz griff Leila nach dem Auto, ließ es schnell wieder fallen und wandte sich wieder zum Tisch. Wieder holte sie der Vater von dort weg.

Nach zwei erneuten missglückten Versuchen, Leila mit Spielzeug zu animieren, nur um sie dann letztlich doch wieder vom Tisch zurückholen zu müssen, gab der Vater seine Pläne schließlich auf und änderte seine Strategie. Er ging auf Leilas Beharrlichkeit ein. »Was ist denn auf dem Tisch so interessant?«, fragte er und hatte noch dazu die großartige Idee, Leila ein Stück in die Höhe zu heben. Leila nutzte blitzschnell die Gelegenheit und griff zur Tischmitte. Sie musste sich sehr anstrengen, um das zu sich zu ziehen, was sie so zielgerichtet angepeilt hatte. Es war – ein Buch.

Strahlend und mit beiden Händen streckte sie es ihrem Vater entgegen. »Was hast du dir denn da geholt? Ein Buch?« Als er es betrachtete, brach er plötzlich in schallendes Gelächter aus. Seine kleine Tochter mit dem großen Schlafproblem hatte ihm nämlich soeben den Elternratgeber »Endlich durchschlafen« übergeben. Leila lachte mit und schien schwer begeistert über ihren unerwarteten Erfolg.

Dass Leila ausgerechnet dieses Buch haben wollte, war zweifellos Zufall – es lag eben gerade auf dem Tisch. Dass Leila aber überhaupt *ein Buch* haben wollte, hatte einen tieferen Sinn. Leila wollte offensichtlich mit ihrem Vater genau das tun, was gerade ihre Mutter machte: ein Buch anschauen. Man könnte auch sagen, sie wollte sich – nach ihren Möglichkeiten – mit Papa über die Mama unterhalten.

Für Leila und ihren Vater war diese kleine Szene jedenfalls der

Beginn einer großen Liebe. Dem Vater war schnell klar geworden, womit er ihr Herz erobert hatte. Er war – zwar nicht gleich, aber doch – auf *ihre* Pläne eingegangen. Es war Leilas Idee gewesen, die Sache mit dem Buch. Es war *ihre* Initiative gewesen.

Nach einigen Wiederholungen der gleichen Szene und fortlaufenden kleinen Erweiterungen kam die Familie bald wieder auf Kurs. (Die Mutter hatte sich für diese Übergangszeit mit ausreichender und auch anspruchsvollerer Lektüre ausgerüstet.)

Für Eltern, die solche schwierigen Trennungen von der Mutter kennen, hier noch ein kleiner Tipp: Für das Kind kann es einen großen Unterschied ausmachen, ob es (mit Papa) von der Mutter weggeht oder umgekehrt. Verlassen oder verlassen *werden* ist nicht dasselbe.
Auch sollte der Vater fragen: »Magst du mit mir mitkommen?«

Ich habe bei Leila so genau beschrieben, wo sie sich hinsetzte und wie sie das tat, weil das oft kein Zufall ist. Wo und wie sich ein kleines Kind platziert, ist so etwas wie eine eigene kleine Entscheidung. Es zeigt an, welchen Platz es für sich selbst passend findet.

Mithilfe der sich bewusst zurücknehmenden Mutter war es Leila möglich geworden, diesen für sie selbst passenden Platz zu finden. Sie hatte sich exakt in die Mitte zwischen ihre Eltern gesetzt. Sie hätte auch nur bei ihrer Mutter bleiben können.

Kleinkinder dieser Entwicklungsphase sind geradezu beseelt davon, zwischen sich und ihren Eltern eine Situation des Gleichgewichts und der Gerechtigkeit herzustellen. Beobachtet man, wie sie sich in Gegenwart beider Eltern verhalten, so ist es oft frappierend, welche Lösungen sie dabei finden. Ziel scheint zu sein, mit beiden Elternteilen gleichzeitig in Beziehung zu bleiben. So wie Leila sich zum Beispiel exakt zwischen ihre Eltern setzt (und noch dazu verdreht, beiden irgendwie gleichzeitig zugewandt), so positionieren sich andere in das Eck eines symmetrischen, fast mathematisch berechneten gleichseitigen Dreiecks. Fast hat man den Eindruck, es solle nur ja niemand benachteiligt werden. Sitzt das Kind auf dem Schoß des einen, bekommt dafür der andere einen koketten Blick. Hat es bei dem einen die Hand am Bein, bekommt dafür der andere ein strahlendes Lächeln oder ein Spielzeug zugeworfen. Leila toppte das noch: Hat die Mutter ein Buch, so sollte auch der Vater eines haben.

Das In-Verbindung-bringen-Wollen der beiden Elternteile bedeutet – wie so oft bei kleinen Kindern –, dass man ihnen äußerlich ansehen kann, was innerlich in ihnen vorgeht. Kann man noch nicht sprechen, so drückt man sich eben vor allem durch Handlungen aus.

Was sie in diesem Alter zeigen, ist, dass sie mit Vater und Mutter *gleichzeitig* in Beziehung sein wollen. Sie sind auf der Suche nach einer Art Gleichgewicht zwischen den Eltern und ihrem eigenen Platz darin.

Kleine Kinder können das Kräftegleichgewicht ihrer Eltern nicht alleine in Balance bringen. Dazu braucht es schon die Eltern selbst. Betrachtet man genauer, wie Leilas Eltern dabei mitgeholfen haben, so sieht man, dass es ein Gemeinschaftswerk *beider* Eltern war. Die Mutter musste sich zurücknehmen, der Vater mit Leila seine eigenen Lösungen finden.

Zwei und zwei sind nicht drei

Lukas ist eineinhalb und spielt mit seinen Eltern Ball. Dreimal geht der Ball zwischen Lukas und seinem Vater hin und her. Dann ändert Lukas spontan das Spiel ab und wirft den Ball in Richtung seiner Mutter. Auch da gibt es zweimal einen Austausch. Lukas entscheidet sich jetzt wieder für den Vater. Leider daneben. Der Vater steht auf, holt den Ball und wirft ihn wieder zu Lukas zurück. Lukas rollt ihn zur Mutter hinüber, diese rollt ihn zu Lukas zurück.

Das ist ein lustiges Spiel. Trotzdem fällt Lukas sicher etwas auf. Kein einziges Mal gab es einen Balltausch *zwischen* den Eltern *untereinander.* Kein einziges Mal hat der Vater den Ball zur Mutter oder die Mutter den Ball zum Vater geworfen.

Lukas hat bei diesem Spiel viel zu tun. Nicht nur weil er doppelt so viele Bälle bekommt wie die anderen beiden. Er scheint auch der Einzige zu sein, der hier ein Gleichgewicht schafft und ver-

sucht, die Bälle gerecht zu verteilen. Beim Ballspielen macht das aber trotzdem Spaß.
Nicht so beim Essen. Gut möglich, dass das auch mit Lukas' Essproblemen zu tun hat. Hilft die Mutter gerade beim Trinken, legt Vater Lukas etwas auf den Teller. Spricht der Vater gerade mit Lukas, bietet die Mutter gleichzeitig einen Löffel Suppe an. Während die Mutter Lukas etwas von der Wange putzt, rückt der Vater Lukas' Stuhl zurecht. Wie beim Ballspiel sprechen die Eltern fast nur mit Lukas. Miteinander reden die Eltern kaum ein Wort.

Was ist da los? So wie Ihnen jetzt eventuell alle möglichen Begründungen und Fantasien in den Sinn kommen, geht es wahrscheinlich auch Lukas. Haben die Eltern miteinander ein Problem? Das könnte natürlich sein. Muss es aber nicht unbedingt. Es reicht schon, dass die Eltern weiterhin beide im Zweiermodus laufen und noch immer nicht auf den längst fälligen Dreiermodus umgeschaltet haben.

Lukas' Eltern sind vor allem *Eltern*. Ihre eigene Beziehung miteinander und als *Paar* haben sie mit der Elternrolle noch nicht ganz ins Gleichgewicht gebracht. Jeder der Eltern für sich führt unverändert seinen eigenen Dialog mit dem Kind weiter. Es ist noch so wie anfangs in der Babyzeit. Aber zwei Dialoge nebeneinander geführt, ergeben noch keine Dreisamkeit. Für ein Kind ist das so ähnlich, wie mit beiden Eltern gleichzeitig Tennis zu spielen. Allerdings mit zwei Bällen. Denn jeder der Eltern hat dabei ja seinen eigenen Ball.

Dreiermodus heißt nicht nur, zu dritt zu sein, sondern zu dritt im *Gleichgewicht* zu sein. Dazu braucht es eine zeitliche Abstimmung und eine Veränderung der gesamten Verteilung von Aufmerksamkeit. Man denke nur an die üblichen Spielregeln unter Erwachsenen. Fühlen wir uns in einer geselligen Runde wohl, so meist auch deshalb, weil sich die allgemeine Aufmerksamkeit gerecht verteilt. Jeder kann zu Wort kommen, jeder wird beachtet, jeder hat seine Zeit. Gleichzeitig kann auch jeder sowohl Zuschauer, Zuhörer und Beobachter sein. Einmal landet der Ball hier und dann wieder dort. Keiner wird links liegen gelassen. Keiner ist der Boss.

Auch bei uns Erwachsenen kann der Wechsel vom Zweiermodus in den Dreiermodus zu kurzer Verunsicherung führen. Unterhalten sich zwei Personen auf einer Party und ein Dritter kommt hinzu, so muss jeder gleich mehrere Entscheidungen treffen. Der Hinzukommende muss entscheiden, ob er die anderen beiden unterbrechen soll. Vielleicht stört er? Was wäre der passende Zeitpunkt? Bekommt er ein Zeichen? Soll er sich zurückziehen? Die zwei sich Unterhaltenden müssen ebenfalls für sich entscheiden. Wollen sie ihren Dialog weiterführen? Wollen sie beide überhaupt das Gleiche? Oder sind sie diesbezüglich sogar unterschiedlicher Meinung?

Am leichtesten ist es, wenn sich zumindest einer der beiden dem Dritten zuwendet und ihn solchermaßen willkommen heißt. Kleine Kinder tun genau das. Sie machen es spontan und in geradezu rührender Weise. Papa ist immer willkommen! Spielen sie soeben zu zweit mit Mama und kommt Papa ins Zimmer, wird ihm mit Begeisterung sofort das Klötzchen hingehalten: Schau, was wir gerade Tolles machen! Komm, spiel mit!

Die ganze Familie in den Dreiermodus bringen können kleine Kinder natürlich nicht. Auch wenn sie sich, so wie Lukas, sehr darum bemühen. Dazu braucht es wieder einmal die gemeinschaftliche Zusammenarbeit der Eltern. Und was sollen die jetzt bitte tun?

Bleibt man bei der Geschichte von Lukas, so wäre es – wenig verwunderlich –, den Ball auch einmal *einander* zuzuspielen. Natürlich steht der Ball als Gleichnis. Er steht für all das, was sich zwischen Papa und Mama vor den Augen des Kindes abspielt. Wie gehen die beiden miteinander um? Für Lukas gäbe es da viel zu beobachten und zu lernen.

Worüber unterhalten sich denn die Eltern bei Tisch untereinander? Besonders großartig ist es natürlich, wenn das zwischen den Eltern auch noch irgendwas mit Lukas zu tun hat oder sogar alle drei irgendwie miteinander verbindet. Holt sich Lukas von Mama einen Löffel Suppe ab und der Vater sagt zu Lukas: »Ah, hat die Mama wieder eine gute Suppe gemacht?«, wäre das beispielsweise schon so etwas. Für das Kind bedeutet es nämlich: Papa nimmt wahr, was Mama und ich so machen. Es könnte aber auch sein, dass Mama etwas wahrnimmt. Zum Beispiel, dass sie einfach lachen muss, weil Lukas versucht, seinen Papa in die Nase zu beißen. Der hingegen findet das interessanterweise gar nicht so lustig wie Mama. Wie spannend. Auf eine einzige seiner Handlungen können Eltern so unterschiedlich reagieren!

Zu dritt

Babys entdecken zwischen dem zweiten und dritten Monat das Prinzip der Kommunikation. Das erste Zurücklächeln ist eines der Zeichen davon. In den nächsten Monaten werden sie ihre Dialogfähigkeit perfektionieren. Besonders spannend für sie sind dabei die Unterschiedlichkeiten der verschiedenen »Gesprächspartner«. Jeder ist ja im Zwiegespräch anders. Nicht nur Stimme und Aussehen sind verschieden, sondern jeder hat auch seinen eigenen Rhythmus und sein Tempo. Sogar Dauer und Intensität können ganz unterschiedlich sein.

Auch noch zu Beginn der »Zeit des Vaters« können Kinder sich vor allem auf *einen* Gesprächspartner einstellen. Ihre Hauptschiene ist noch der Dialog. Während sie sich also einmal mit Mama zu zweit unterhalten, mal mit Papa und dann wieder mit jemand ganz anderem, üben und perfektionieren sie ihre sozialen Fähigkeiten. Der nächste Schritt wird sein, all diese Einzelerfahrungen zusammenzufügen und auch in einen größeren Zusammenhang zu bringen. Dafür braucht es Gelegenheiten.

Kinder im zweiten Lebensjahr lieben Dreiersituationen mit ihren Eltern. Sie lieben Spiele zu dritt, entweder mit einem Ball oder auch mit anderen Dingen, die zwischen allen Beteiligten hin und her wechseln können. Manchmal sind sie auch selbst so etwas wie der »Ball«. Zum Beispiel bei Spielen, bei denen sie zwischen den Eltern übergeben oder hin und her geworfen werden. Auch das Reimspiel »Müller, Müller Sackl« gehört dazu oder das Gehspiel »Eins, zwei, drei, hopp«, bei dem das Kind an der Hand zwischen den Eltern geht und bei jedem vierten Schritt von diesen gemeinsam in die Höhe gehoben wird.

Das große Ziel der Kinder heißt: dazugehören. Sie wollen ein vollwertiger Teil der Gruppe werden.

Ob man bereits dazugehört oder doch noch eine Außenseiterrolle zugewiesen bekommt, kann ein Kind dieses Alters an tausend Kleinigkeiten ablesen. Sitzt es bereits mit den anderen am gemeinsamen Tisch? Oder separiert und abgeschieden auf einem Hochsitz mit extra Tischchen vor sich? Hat es so wie die anderen einen eigenen Teller oder wird ihm der noch vorenthalten? Hat man ebenso »richtiges« Besteck oder nur welches aus Plastik? Muss man schlafen gehen, während die anderen noch so nett beisammenbleiben? Und eben auch: Wird mit ihm in der Gruppe ausschließlich noch im Zweiermodus oder bereits im Dreiermodus umgegangen?

Wie man sieht, kann sich aus Sicht eines Kleinkindes vieles summieren.

Im Dreiermodus zu dritt sein gibt dem Kind das Gefühl, bereits »groß« zu sein und wirklich dazuzugehören. Es bekommt Gelegenheit, nicht nur Akteur, sondern gleichermaßen auch Beobachter zu sein. Was es wahrnimmt, ist, wie die Eltern *miteinander* umgehen. Es ist die Beziehung der Eltern untereinander, die für das Kind fast so informativ wird wie ein Kompass.

Das Bedürfnis des Kindes, seine Eltern gemeinsam und auch als *Paar* zu erleben, ist auch für diese selbst ein wichtiger Hinweis: Für die Eltern ist es an der Zeit, auch ihrer Zweierbeziehung wieder mehr Raum zu geben. Die ins Zentrum gerückte, gelegentlich fast ausschließliche Elternrolle gehört etwas heruntergefahren und ins Gleichgewicht mit der Paarbeziehung gebracht. Manchmal braucht es dazu auch bewusste Planung und Organisation. Die Freiräume dazu entstehen nicht immer von selbst.

Schrittweise vom ausschließlichen Zweiermodus auf Dreiermodus zu schalten, ist eine der vielen Veränderungen, die vor allem Väter in Gang setzen. Vom Gefühl her waren sie ja immer schon der Dritte. Bereits bei der Geburt haben sie sich Sorgen um *zwei* gemacht.

Meiner Erfahrung nach ist Vätern der Dreiermodus sehr vertraut. Oft hat man den Eindruck, dass er ihnen fast *mehr* liegt. Kommen sie nach Hause, freuen sie sich meist auf die Situation zu dritt – nämlich auf Frau *und* Kind.

Mütter sehen das manchmal anders. »Geh, doch noch mit ihr/ihm spielen, bis ich hier fertig bin!« Ich glaube, dass dieser Satz vielen Vätern bekannt vorkommen mag. Man könnte ihn auch übersetzen in: »Bitte lege den Zweiermodus ein.«

Geht es der Mutter dabei um die Bedürfnisse des Kindes, so ist er im ersten Halbjahr auch ganz sicher passend. In der Zeit danach kann er passen oder auch nicht. Was will denn das Kind? Zieht es seinen Papa gleich mit hinüber in das Kinderzimmer?

Speziell mit Beginn des zweiten Lebensjahres könnte es für das Kind ebenso ein »Spiel« sein, auf Papas Schultern zu sitzen und von dort ein Gespräch der Eltern zu beobachten oder währenddessen mit Papa zu turnen. Gemeinsam mit Papa könnte man der Mama auch bei etwas »helfen«.

Leben die Eltern zusammen, ergeben sich solche Dreiersituationen theoretisch von selbst. Manchmal kollidieren sie aber auch mit der zeitlich orientierten Familienorganisation. »Könntest du nach dem Kind schauen, während ich das und das tue/besorge/unternehme?« Für Eltern ist es natürlich praktisch, sich abwechseln zu können. Weiß man aber, wie wichtig die gemeinsame Familienzeit für das Kleinkind ist, kann man vielleicht doch manches anders organisieren.

Leben Kleinkinder alleine bei nur einem Elternteil, gilt es diesen Bedarf des Kindes nach Dreisamkeit auf anderem Weg zu stillen. Wie schon im ersten Teil des Buches beschrieben, suchen sich Kleinkinder oft Lieblingspersonen aus. Baby Carl wählte zum Beispiel seinen Onkel. Dem Kind zu ermöglichen, mit diesem »Wunschpartner« nicht nur seine eigene Erfahrung zu zweit zu machen, sondern eben auch zu dritt, wird sich lohnen. Nicht nur für das Kind. Auch für die Eltern selbst kann es bereichernd sein, eine eventuell andere Seite ihres Kindes zu erleben. So war das auch bei Baby Carl. Nachdem seine mütterlich gestimmten Eltern live miterleben konnten, mit welchem Appetit Carl Pizza verputzt, haben sie die Fütterungstechnik des Onkels einfach übernommen.

Tipps für die Zeit des Gleichgewichts:

- Ermöglichen Sie dem Kind Erfahrungen mit kleinen Gruppen.
- Machen Sie Situationen zu dritt mit beiden Eltern möglich.
- Beachten Sie dabei Ihren Partner / Ihre Partnerin genauso wie Ihr Kind.

- Sprechen Sie mit Ihrem Kind dabei ebenso viel wie miteinander.
- Flirten Sie mit Ihrem Partner / Ihrer Partnerin und gehen Sie wieder einmal miteinander zu zweit aus.

Geschwisterkinder

Von Babys kann man einiges lernen. Die Art, wie sie ihre Zuwendung und Aufmerksamkeit gleichzeitig und quasi »gerecht« ihren Eltern gegenüber verteilen, ist eines der Beispiele dafür. Eltern von Geschwisterkindern können es als hilfreiches Modell nehmen.

Selbst wenn unter Geschwistern noch so große Innigkeit herrschen sollte, so ist diese Beziehung doch immer auch ein wenig ambivalent. Es gibt Konkurrenz – und zwar um die Aufmerksamkeit der Eltern.

Will man diese gerecht aufteilen und niemanden bevorzugen oder benachteiligen, machen es Eltern oft ganz so wie die Babys ihren Eltern gegenüber. Mit dem einen Kind ist man in Körperkontakt, dafür wendet man dem anderen Kind den Blick zu oder spricht mit ihm. Das ergibt sich für Eltern oft von selbst.

Dieses Prinzip kann man bewusst und sprachlich genauso anwenden. Das klingt dann in etwa so: »Ruth, bist du auch so müde wie Lisa?« »Tommy – hast du gesehen? Marie hat dir genau zugeschaut!« »Nora – ich glaube, Leo will das auch einmal probieren!« Sätze, in denen beide Kinder ihren Namen hören und dadurch gleichzeitig beachtet werden, machen Dreiersituationen mit zwei Kindern gleich entspannter und harmonischer. In dieser Weise immer wieder persönlich mit dem Namen angesprochen und mit dem, was man gerade tut, miteinbezogen zu werden, schafft Beachtung und gleichzeitig sowohl Unterschied als auch Gleichheit.

Kommt zu einer Familie ein weiteres Kind hinzu, so ergibt sich meist wie selbstverständlich, dass der Vater sich vermehrt um das ältere Kind oder die älteren Kinder kümmert. Die Mutter versorgt hingegen vor allem das Baby. Das macht anfänglich durchaus Sinn.

Ab dem sechsten Lebensmonat des hinzugekommenen Babys ist es aber ratsam, dieser Eigendynamik, die von selbst entsteht, immer wieder bewusst entgegenzusteuern. Auch das zweite, dritte und später Geborene braucht jeweils seine Zeit alleine mit dem Vater.

Der Weg von der »Zweiheit« zum »Ich und du« betrifft natürlich jedes Kind.

Die Aufteilung der Kinder zwischen den Eltern gezielt umzudrehen, kommt auch den älteren Geschwisterkindern zugute. Mama immer wieder mal ganz alleine für sich zu haben und nicht immer im Doppelpack mit der Babykonkurrenz ist ein großer Wunsch der Erstgeborenen. Ähnliches gilt natürlich auch für Zwillinge.

Zwillinge und ganz allgemein Mehrlinge sind für Eltern natürlich eine ganz besondere Herausforderung. Glücklicherweise gibt es dazu Spezialliteratur mit vielfältigen Tipps und Erfahrungsberichten. Was bei Zwillingen die Rolle des Vaters und der Mutter betrifft, muss man im komplexen Familien- und Helfergeflecht manchmal genau hinsehen. Nicht selten splitten sich die Eltern auch die Rollen auf. Aus Sätzen wie »Das ist mehr meines, das andere ist mehr das von meinem Mann« oder umgekehrt kann man das manchmal heraushören.

Beschreiben Eltern das solcherart bereits in der frühen Säuglingszeit, so ist es gut möglich, dass man dem einen Zwilling gegenüber mehr Mutter, dem anderen Zwilling gegenüber aber mehr Vater ist. Im zweiten Halbjahr die bisherige »Kinderaufteilung« deshalb immer wieder bewusst zu vertauschen und umzudrehen, ist auch hier sinnvoll.

Grenzen und Manieren

Das zweite und dritte Lebensjahr stehen unter dem Motto der sozialen Entwicklung. Kleinkinder versuchen jetzt geradezu systematisch, zwischenmenschlichen Rätseln auf die Spur zu kommen. Ihre »aktionistische« Forschungstechnik ist für Erwachsene nicht immer nachvollziehbar.

Kommt das Kind im Laufe des zweiten Lebensjahres also in die »Vollblüte« des Trotzalters, stellt sich für Eltern gleich die nächste Frage: Wie halte ich es mit der Erziehung? Nicht wenige Väter fragen sich jetzt: »Bin nicht *ich* es, der hier zuständig ist für Grenzen und Manieren?« Vätern, denen als Rollenbild das Prinzip der väterlichen Autorität vorschwebt, könnte man antworten: Ja. Aber was diese Altersklasse betrifft, anders als man sich das eventuell vorstellt.

Um das Prinzip zu verstehen, braucht es vielleicht eines kleinen Vorgriffs auf ein späteres Alter – die Pubertät. Dass diese Entwicklungsphase sehr viel Ähnlichkeit mit dem Trotzalter hat, wurde schon gesagt. Jugendliche lösen ihre Entwicklungsaufgabe vor allem mit *einer* großen Hilfe. Das ist die Hilfe ihrer Freunde.

Freunde sind das Gegengewicht zum Elternhaus. Dort mag es noch hierarchisch zugehen. Mit seinen Freunden aber ist man auf Augenhöhe. Jugendliche Freunde sagen zum Beispiel: *»Ich mag das nicht«*, und nicht: *»Das tut man nicht.«* Freunde sagen zum Beispiel nicht: *»Du sollst das so und so machen«*, sondern sie sagen: *»Schau, ich mache das so und so.«* Freunde wollen einander nicht erziehen und tun es gerade dadurch. Freunde wollen einem nichts beibringen, außer man fragt sie danach. Deshalb kann man von Freunden auch so viel lernen.

Väter haben für Kleinkinder die gleiche große Bedeutung. Und sie haben auch eine sehr ähnliche Funktion. Sie sind so etwas wie der *große* Freund. Väter können sich dabei auch direkt an das gleiche Grundprinzip und sogar an die gleiche Sprachform halten. Wird man erst ein *Ich,* so lernt man etwas darüber am besten von einem anderen *Ich.* Eben dem des Vaters. Sagt dieser »Ich esse gerne Erbsen«, werden Erbsen gleich viel interessanter.

Vom Vater auf Augenhöhe behandelt zu werden, ist für kleine Kinder die ganz große Lösung. Papa ist Hero, Leitfigur und Modell in einem. Er hat eine natürliche Autorität. Was ein Vater tut, ist für das Kleinkind schon einmal deshalb interessant, weil es eben er, der Vater, tut. Was und wie der Vater etwas macht, ist für das Kind immer eine Option. Väter werden beobachtet und imitiert. Will der Vater dem Kind etwas beibringen, kann ein Schlüsselsatz lauten: »Willst du wissen, wie *ich* das mache?«

Speziell die Themen Grenzen und Manieren interessieren Kleinkinder im zweiten Lebensjahr brennend. Die Regeln ihrer kleinen Gruppe verstehen zu lernen und darin ein würdiges Mitglied zu werden, ist ja Teil der Entwicklungsaufgabe dieses Alters. Manieren, im Sinne von sozialen Spielregeln, sind deshalb für Kleinkinder hochinteressant. Sie wollen ja immerhin dazugehören. Sagt Papa »Hallo«, wenn er kommt, und »Bitte« und »Danke«, so erlernt auch das Kind das, ähnlich wie die Muttersprache, ganz von alleine.

Komplizierter wird das hingegen beim Thema »Grenzen«. In diesem unsichtbaren Bereich treffen letztendlich die Anrechte des einen auf die Rechte des anderen. Wer bestimmt dann was und nach welchen Regeln? Lernt man noch, ein Ich zu sein, trifft man ganz zwangsläufig auf andere Ichs mit den gleichen Ansprüchen. Bitte, wie löst man das?

Will man seinem Kind beim Finden dieser »Grenzen« helfen, so ist der wirkungsvollste erste Schritt dazu, zunächst den Bereich des Kindes abzustecken und zu respektieren. Dazu gehört zum Beispiel dessen eigener Körper, was es in der Hand hält und bald auch sein Teller vor ihm. Ein Kleinkind *ungefragt* einfach hochzunehmen oder sonst wie über dessen Körper zu verfügen – man denke nur an die vielen Handlungen der Körperpflege –, wird von ihm berechtigterweise nämlich immer mehr als Grenzverletzung empfunden. (Das Thema ist so wichtig, dass ihm im Kapitel »›Machst du mit?‹ – Über das Fragenstellen« in Teil 3 noch ein ganzer Abschnitt gewidmet wird: »Wem gehört mein Körper?«) Aus seiner Sicht ist das »unhöflich«. Für kleine Kinder gelten diesbezüglich schon sehr früh ganz genau dieselben Regeln wie unter Erwachsenen.

Wird das kindliche Empfinden solchermaßen von den Eltern bestätigt, ergibt sich der Rückschluss für das Kind von ganz allein. Dass auch Eltern ebensolche Ansprüche und Rechte haben, wird für Kinder dann logisch und nachvollziehbar. Voll Interesse beobachten sie unter Umständen sogar, wie die Eltern selbst mit kleinen »Grenzüberschreitungen« so umgehen. Darf die Mutter dem Vater ungefragt etwas von seinem Teller wegessen? Wie verteidigt man denn seinen eigenen Bereich? Sagt der Vater: »Hallo! Das ist aber meins!«, hat man schon wieder etwas über Grenzen dazugelernt.

Viele »Unmanieren« und Erziehungsschwierigkeiten dieses Alters basieren auf vorherigen unbemerkten Übergriffen und »Unhöflichkeiten« dem Kind gegenüber.

»Ich weiß nicht, was ich machen soll, er klettert beim Essen immer wieder auf den Tisch?! Er weiß genau, dass ich das nicht will!«, sagte die Mutter des neunzehnmonatigen **Finn**. Ja, so etwas kann natürlich verschiedenste Ursachen haben. Bei Finn war es aber schnell geklärt. Man brauchte sich nur ansehen, was jeweils wenige Sekunden vor Finns nervigen Tischklettereskapaden vor sich ging: Einmal ungefragtes Mundabwischen, einmal ungefragtes Tellerbefüllen, einmal ungefragtes Handabwischen. Das Ergebnis waren exakt drei Kletterversuche.

Auf *seine* Weise schien Finn etwas ganz Ähnliches wie seine Mutter zu sagen, nämlich: »Das will ich nicht!« Wenn man die Zusammenhänge kennt, kann man so etwas schnell ändern.

Dass das Kind ganz genau weiß, dass es etwas nicht tun soll, und es trotzdem, noch dazu direkt unter den Augen der Eltern, macht, kann auch noch andere Gründe haben.

Der sogenannte Klassiker des Trotzalters geht in etwa so:

»**Maja**!« Der Vater macht ein böses Gesicht. »Nein! Du weißt genau, dass du die Fernbedienung nicht haben kannst!!« Maja scheint das wirklich zu wissen und lächelt. Trotzdem nähert sich ihre Hand unverdrossen weiter der Fernbedienung. Ihr Blick gilt nicht der Fernbedienung, sondern dem Vater. Was macht Papa jetzt? Maja scheint die Spannung richtiggehend zu genießen. Sie strahlt ihren Vater dabei an. Der Vater springt schließlich von seinem Sessel auf und legt die Fernbedienung hoch hinauf auf den Schrank. Er ist ärgerlich. Maja will einfach nicht folgen.

Unter Erwachsenen bedeutet so ein Verhalten pure Provokation. Aber Maja ist nicht erwachsen. Maja ist achtzehn Monate und studiert Menschen. Das macht man in diesem Alter. Zum Beispiel gilt es herauszufinden, ob sich alle Menschen ärgern können. Ob sich alle Menschen über das Gleiche ärgern, was sie speziell ärgert, wie sehr sie sich ärgern und ob sie sich immer gleich ärgern. Die Fernbedienung ist nur Mittel zum Zweck. Kleine Kinder sind eben Aktionisten. Ihre Fragen lösen sie mittels Handlungen. Sie tun etwas – und betrachten dann voller Interesse, was daraufhin passiert. Über

Menschen mehr herauszufinden ist die große Passion im zweiten Lebensjahr.

Eltern haben zwar recht, wenn sie annehmen, dass ihr Kleinkind schon weiß, dass es dies und das nicht machen soll. Aber jetzt kommt das nächste Problem: Als Kind unter drei Jahren kann es sich noch nicht kontrollieren. So wie man von Kindern mit sechs Monaten nicht erwarten kann, dass sie gehen können, so kann man von unter Dreijährigen nicht erwarten, dass sie ihre Impulse, Wünsche und Gefühle unter Kontrolle haben. Sie können es einfach nicht. Die entsprechenden Gehirnstrukturen sind einfach noch nicht ausgereift. Unter vier Jahren ist ihnen zum Beispiel auch gezieltes Lügen, so wie wir Erwachsene das meinen, noch nicht möglich.

Will man also nicht haben, dass das Kind die Fernbedienung nimmt, muss man diese eben wirklich auf den Schrank legen. Bringen Worte nichts, so kann es manchmal notwendig werden, die körperliche Überlegenheit zu nützen. Dann muss man das Kind eben wegheben oder wegtragen (das ist ihm unangenehm genug). Aber ärgern braucht man sich nicht dabei.

Während Eltern bei Erziehung meist an Loben, Tadeln, Schimpfen oder sogar Strafen denken, gilt für Babys und Kleinkinder eine ganz andere Währung. Das höchste Gut ist ihnen *Beachtung*. Von den Eltern wahrgenommen zu werden, angesehen und beachtet zu werden ist quasi die Sonne, die sie brauchen und in der sie erst gedeihen können.

Beachten und Nichtbeachten

Hannes ist zweieinhalb und stört immer beim Essen. Das ist sehr unangenehm, denn Hannes hat einen kleinen und noch dazu untergewichtigen Bruder, Leo, der noch gefüttert werden muss. Statt ruhig bei Tisch zu sitzen und diesem ein gutes Vorbild zu sein, macht Hannes das genaue Gegenteil. Beim Tisch macht er Faxen und bleibt nicht sitzen. Dann läuft und hüpft er herum oder beginnt demonstrativ mit Spielzeug zu spielen. Sein kleiner Bruder will dann auch nicht mehr essen. So etwas ist für seine Eltern sehr ärgerlich. Aber weder schimpfen oder schreien

hat wirklich etwas daran ändern können. Eigentlich wird das Problem sogar immer größer.
Als die Mutter ein Video mit typischem Szenario – sie und die beiden Kinder beim Mittagessen – mitbringt, erhellt sich die Sachlage: Der Beginn der Mahlzeit ist eigentlich ganz entspannt. Alle sitzen bei Tisch und essen. Die Mutter kann sich auf das Baby und das Füttern konzentrieren. Hannes isst sogar sehr manierlich. Beachtet wird er dabei allerdings nicht. Kein einziges Mal wird er angesprochen oder angelächelt. Ja, nicht einmal angesehen wird er dabei.
Das ändert sich schlagartig, als Hannes beginnt sein Würstchen im Wasserglas zu baden. »Hannes hör auf!« Hannes hört nicht auf. »Du sollst aufhören, Hannes!« Hannes klettert jetzt von seinem Sitz und stellt sich genau zwischen seine Mutter und das Baby. Mit einem schiefen Lächeln hält er diesem das gebadete Würstchen vor die Nase. Sein kleiner Bruder findet das sehr interessant und reißt sofort den Mund auf. »Nein! Hannes, er darf das noch nicht essen!« Die Mutter nimmt Hannes jetzt das gebadete Würstchen aus der Hand und legt es vor sich auf den Tisch. »Und aus!« Man merkt, dass es ihr langsam reicht. Hannes dreht sich um und verschwindet von der Bildfläche. Als er wieder auftaucht, schiebt er einen großen Spielzeugtraktor vor sich her. »Brumm, brumm«, sagt er immer wieder sehr laut und lenkt den Trecker zu Leos Füßen hin. »Ummum«, ruft dieser fröhlich von seinem Hochsitz zurück. »Hannes, lass ihn in Ruhe!« »Brumm, brumm«, sagt Hannes wieder und fährt bei jedem neuerlichen »Brumm« in die Stuhlbeine des Babysitzes. Einmal wackelt sogar der ganze Sitz Die Mutter springt jetzt auf, packt Hannes und trägt ihn aus dem Bild. An Weiterfüttern ist trotzdem nicht mehr zu denken. Der kleine dünne Babybruder will jetzt unbedingt auch den Traktor haben. »Ummum«, kräht Leo voll freudiger Erwartung.

Diese Geschichte würde natürlich ebenso in das Kapitel »Zwei und zwei sind nicht drei« passen. Ein Großteil der Lösung lag letztendlich auch in den dort beschriebenen Formen der Dreisamkeit. »Hannes, zeigst du Leo, wie toll du schon selbst essen kannst?«, war zum Beispiel ein guter Start. Auch ihn immer wieder kurz anzusehen, gelegentlich anzulächeln oder anzusprechen hat Hannes sehr rasch dazu motivieren können, länger bei Tisch zu bleiben. Ist man zu dritt, gehört eben jeder mit einbezogen und beachtet.

Das Prinzip »Beachten« geht aber noch weit über dieses Thema hinaus.

Grundsätzlich braucht jeder Mensch ein gewisses Maß an Beachtung. Für kleine Kinder aber ist es so etwas wie ein Grundnahrungsmittel. Nicht nur, um sich geliebt zu fühlen. Ganz allgemein ist es für sie auch eine Information, um die Welt zu ergründen und zu hierarchisieren.

Die Devise aus Kindersicht lautet: Was wichtig ist, wird beachtet. Was nicht wichtig ist, wird nicht beachtet. Findet ein Kind beim Spaziergang einen Tannenzapfen, so werden Eltern, die gerade in ein Gespräch vertieft sind, kaum ihre Unterhaltung unterbrechen. Im besten Fall gibt es da vielleicht ein kurzes »Ja, ja, ein Tannenzapfen«, und das war es auch schon.

Findet das Kind hingegen zufällig einen Diamantring am Wegesrand, wäre die Reaktion der Eltern ganz sicher anders. »Du hast ja einen Ring gefunden!?« Ziemlich sicher würden die Eltern in so einem Fall ihr Gespräch unterbrechen und sich gehörig wundern. Genau an solchen Nuancen und Unterschieden orientieren sich kleine Kinder. Ein winziger Diamantring ist anscheinend wichtiger als ein großer interessant geformter Tannenzapfen. Aha.

Das höchste Gut ist natürlich *positive* Beachtung. Das ist Beachtung im Zusammenhang mit Lächeln, eventuell sogar Begeisterung und Freude. Aber auch Verwunderung und Staunen (wie es beim Diamantring wahrscheinlich der Fall wäre) gehören hier dazu.

Für Erwachsene wenig nachvollziehbar steht aber für Kleinkinder bereits an zweiter Stelle der Beliebtheit – die *negative* Beachtung. Auch das ist ja eine Form der Beachtung. Das ist auch das, was sich Hannes, direkt systematisch, organisiert. Stört er bei Tisch, so wird er immerhin angeschaut und gesehen. Sogar geredet wird jetzt mit ihm. Selbst wenn mit ihm geschimpft oder geschrien wird, so ist das in seinen Augen noch immer besser, als gar nicht beachtet zu werden. Nicht beachtet zu werden, hieße ja, er selbst oder was er gerade tut, wäre unwichtig.

Während Hannes also zu Beginn des Mittagessens »brav« war und sehr manierlich selbstständig gegessen hatte, wurde er sozusagen (mit Nichtbeachtung) bestraft. Für sein »Stören« wurde er hingegen (mit negativer Beachtung) belohnt. Haben kleine Kinder so ein verkehrtes System einmal begriffen, perfektionieren sie es natürlich laufend weiter.

Eine ganze Gruppe »Erziehungsschwierigkeiten« dieses Alters basiert auf dieser verkehrten Welt. Hat sie ein Kind einmal verinnerlicht, braucht es Strategie und Geduld, um sie wieder zurechtzurücken.

Etwas bewusst zu beachten oder ebenso bewusst *nicht* zu beachten ist also für Eltern von Kleinkindern eine passende und wirkungsvolle Erziehungsmethode.

Um aus Sicht des kleinen Kindes etwas zu »beachten«, reicht manchmal schon ein kurzer Blick, ein kurzes Lächeln oder ein aufmunterndes Nicken. Ganz toll ist es natürlich wenn etwas Positives in Worte gefasst wird.

Umgekehrt wird »Nichtbeachten« durch ein Abwenden signalisiert. Dazu gehört den Blick abwenden, den Rücken zuwenden oder weggehen. Auch sich – im Augenblick einer unbeliebten »Unmanier« eines Kindes – einer anderen Tätigkeit oder Person zuzuwenden hat die gleiche Wirkung.

(Bedenkt man, wie häufig Eltern heutzutage durch technische Medien wie Smartphone und Internet ganz unabsichtlich abgelenkt werden, kann man sich vorstellen, dass es auch schon für Babys und Kleinkinder schwieriger geworden ist, sich in der modernen Welt zurechtzufinden.)

7. Wenn die Route nicht stimmt – Klippen und Verirrungen

Manchmal liegt das Problem nicht in den einzelnen Details, sondern an grundsätzlichen Plänen und Haltungen.

Der Vater als Autorität

»Es tut mir ja so leid! Ich wollte sie nicht zum Weinen bringen!« Lisas Vater ist ehrlich betroffen. Unvorhergesehen war er nach einer Reise mitten in einen »Therapieerfolg« geplatzt. Seine kleine neunmonatige Tochter mit Essproblem hatte endlich begonnen Nahrung anzufassen. Was kleine Kinder üblicherweise gerne machen – nämlich Nahrung zu erkunden –, hatte **Lisa** bisher erstaunlicherweise noch nie gemacht. Dafür hatte sie sich allerdings auch nicht mit dem Löffel füttern lassen und sogar an Gewicht verloren.
Ihr Vater war an diesem Tag zufällig mitten in eine Ess-Spielsituation geraten. Als Lisa vor seinen Augen erstmalig herzhaft in das Püree fasste, um es auf dem Tisch zu verteilen, war er ernstlich entsetzt gewesen. »Bist du verrückt!? Mit Essen spielt man nicht!«, hatte er empört laut ausgerufen und sich auch wirklich geärgert. Lisa hatte sofort ihre Hände zurückgezogen und bitterlich zu weinen begonnen. »Sie hat sich echt erschrocken«, sagte ihr Vater kopfschüttelnd nachher, »das wollte ich wirklich nicht!«

Was für ein zehnjähriges Schulkind, das mutwillig Nahrung zerstört, vielleicht eine passende und zumutbare Reaktion gewesen wäre, ist es bei einem Kleinkind nicht. In einem Alter, in dem man erst mit allen Sinnen die Welt erkunden muss, gilt das ebenso für Nahrung und ihre vielfältige Konsistenz. Besonders für Kinder mit Essproblemen kann Kleckern sogar Teil der Lösung sein. Für spä-

tere Tischmanieren reicht es derzeit völlig aus, wenn Eltern sich selbst an diese halten.
Bei unter Dreijährigen ist zu viel mächtige erzieherische Autorität des Vaters fehl am Platz. Erscheint der Vater grundsätzlich bedrohlich, so kann das nachhaltig blockierend wirken. Das Kind wagt sich dann erst gar nicht aus dem Schutzbereich der Mutter heraus. Ein zentraler Entwicklungsschritt wird dem Kind dadurch erschwert. So wie bei Lisa reicht dafür manchmal schon eine zu laute Stimme und ein wirklich zorniger Gesichtsausdruck.
Auch wenn sich ein Vater gar nicht dem Kind gegenüber, sondern nur in dessen Gegenwart und noch dazu gegenüber der Mutter immer wieder aufbrausend verhält, hat es die gleiche Auswirkung. Ebenso sind Erziehungsmaßnahmen wie »Strafe« androhen oder Ankündigungen wie »Wenn du das tust, dann passiert das oder das« in dieser Altersklasse nicht angebracht. Es ist einfach der falsche Zeitpunkt. Selbst wenn ein Kind bereits den Inhalt solcher Ansagen zu verstehen vermag, kann es sich trotzdem noch nicht kontrollieren – so wie in dem Beispiel von Maja und der Fernbedienung im vorigen Kapitel. Hat ein Kind unter drei Jahren starke Impulse, Wünsche oder Gefühle, so kann es diese einfach noch nicht zügeln. Diesbezüglich sitzt es sozusagen in einem Auto ohne Bremsen. Kinder unter drei Jahren sammeln zwar aufmerksam Informationen über elterliche Wünsche und Verbote; sich danach richten können sie sich letztlich aber nur, wenn diese nicht mit ihren eigenen Bedürfnissen kollidieren.
Grundsätzlich falsch liegt ein Vater aber mit seiner Rolle der erzieherischen Autorität nicht. Regeln aufzustellen und auch einzufordern ist dann sinnvoll, wenn das Kind zumindest sprachlich rückfragen, antworten und gegebenenfalls auch darüber diskutieren kann. Das alles wird erst in einigen Jahren im Schulalter seinen Platz haben.
Die wirkliche Hochblüte dieser väterlichen Rolle liegt aber vor allem in der Zeit der Pubertät. Jugendliche profitieren außerordentlich von eingeforderten Regeln, klaren Grenzen und Konfrontationen. Gar nicht wenige Väter können sich noch gut daran zurückerinnern, dass ihnen das in ihrer eigenen Jugend auch Halt und Orientierung gegeben hat.

Man kann hier also von einem sehr großen Vorgriff sprechen, der die Altersklasse dieses Buches weit übersteigt.

Die Sonderstellung der ersten sechs Monate nicht beachten

Schon innerhalb der ersten drei Jahre gibt es für Väter zahlreiche Möglichkeiten, prinzipiell Richtiges zum unpassenden Zeitpunkt anzuwenden. Betrachtet man den bisherigen Stufenplan mit seinen unterschiedlichen Schwerpunkten und Strategien, so stehen diese natürlich miteinander in direkter Verbindung. Das eine ist die Basis des anderen. Kein Wunder, dass speziell das Nichtbeachten der Sonderstellung der ersten sechs Monate geradezu eine ganze Kaskade von Auswirkungen nach sich ziehen kann. Hürden der Mutter in *ihrer* Zeit verwandeln sich dann in Hürden des Vaters in *seiner* Zeit. Leidtragend ist in beiden Fällen das Kind.

Das Grundprinzip zu verstehen, ist gar nicht kompliziert. In einer Zeit, in der eine Mutter sensibel und verletzbar wie ein Baby ist, macht sie selbst sehr konkrete Erfahrungen mit ihrem Partner. War er einfühlsam, versorgend und unterstützend zu ihr, kann sie ihm später auch ihr Kind anvertrauen. Sie hat seine Einfühlsamkeit ja buchstäblich selbst erlebt.

Umgekehrt, wie soll eine Mutter, die in ihrer verletzlichen Mutterphase wenig Einfühlung und Rücksichtnahme vonseiten des Partners, vielleicht sogar Konkurrenz, Herabsetzung, Ungeduld und Kritik erlebt hat, ihm später ihr verletzbares Kleinkind anvertrauen?

Sätze wie »Kinder kriegen ist doch was Normales« oder »Man kann doch auch mit Baby ein normales Leben führen«, »Meine Mutter hat drei Kinder gehabt und daneben auch noch gearbeitet«, »Man kann doch ein Baby haben und abends zumindest eine Suppe auf den Tisch stellen«, habe ich in meiner Arbeit mit eskalierten Familienkrisen und depressiven Müttern gar nicht so selten gehört.

Ganz unabhängig davon, wie sich der Vater direkt dem kleinen Baby gegenüber verhalten hat oder verhält, hat die Mutter selbst ihren Partner ja inzwischen kennengelernt. Hat sie dabei eher negative Erfahrungen gemacht, wird sie dann, wenn die Zeit des Vaters kommt, ihr Kind unwillkürlich vor ihm beschützen wollen. Sie wird die Tür zu ihm vorsorglich geschlossen halten. Dazu braucht es keine bewusste Entscheidung. Ist eine Mutter innerlich besorgt, so teilt sich das ihrem Baby unweigerlich mit. Um das Phänomen *»Das Kind bleibt einfach nicht allein beim Vater«* auszulösen, reicht für das Baby manchmal schon ein besorgter Blick der Mutter.

Unschwer zu sehen, dass ein Baby hier zweimal zu leiden hat. Zuerst erlebt es eine traurige Mutter. Danach, wenn so viel Hilfe beim Vater läge, ist wiederum der Weg zu diesem versperrt.

Nicht wenige zugespitzte Familienkrisen wurzeln im Übergehen der Sonderregeln der ersten sechs Monate. Hört man Eltern zu, wie sie rückblickend diese Zeit beschreiben, offenbart sich oft das ganze Dilemma.

»Für mich hat sich die Welt verändert und mein Mann hat nicht einmal ein einziges Mal seine Stammtischrunde ausfallen lassen«, fasste es einmal eine Mutter bitter zusammen. Eine andere meinte: »Mein Mann hat einfach sein Leben weitergelebt, als ob nichts wäre.«

Die Zeit der Ausnahme zu überspringen ist für Mütter nicht nur auf persönlicher Ebene verletzend. Was noch viel tiefer geht, sind die dadurch ausgelösten Zweifel und Gefühle an ihrer Rolle als Mutter. Ein Stachel wird in die Zweiheit getrieben: *»Wäre das Baby gar nicht da, könnte man jetzt ja auch sein eigenes Leben weiterführen, so als ob nichts wäre.«* Das Baby – und wenn nur für Augenblicke – als Belastung und Hindernis zu erleben und es gleichzeitig vor diesen Gefühlen beschützen zu wollen, stürzt Mütter in tiefere innere Konflikte, als Väter ahnen.

Diese wollen oft eigentlich nichts anderes als – leider zeitlich verfrüht – Normalität und familiären Alltag installieren (zumindest so, wie sie sich diesen vorgestellt haben).

Zu früh mit dem geplanten Familienmodell starten

Es liegt aber keineswegs nur an Vätern, wenn die besonderen Spielregeln der Zeit der »Zweiheit« nicht beachtet werden. Auch Mütter selbst können sich hier unter Druck setzen. Der Anspruch an sich selbst, sofort Baby und Haushalt gleichzeitig in den Griff zu bekommen, eventuell auch noch Organisatorisches, vielleicht sogar Berufliches so zu erledigen wie früher, kann gründlich schiefgehen. Wenn man bedenkt, dass sich ein Baby in der Zeit der Zweiheit so wie die Mutter fühlt, ergibt es wenig Sinn, wenn sich eine Mutter selbst Stress macht. Mütter sollten in dieser Zeit zu sich selbst mindestens so liebevoll und gewährend sein wie zu ihrem Baby. Derzeit muss nicht alles perfekt sein. Alles was Spaß macht – ja; alles, was mühsam scheint – nein. Dem Baby ist es herzlich egal, ob die Wohnung blitzt oder nicht.

Alleinerziehende haben es in dieser Zeit besonders schwer. »Ich werde das ja später auch alleine schaffen müssen«, ist ein oft geäußerter Satz. Das mit *später* wird schon stimmen. Derzeit herrschen aber noch andere Regeln. Sich jetzt den Luxus der Unterstützung von außen zukommen zu lassen, bietet die beste Grundlage, es dann später *wirklich* alleine zu schaffen.

Verirren kann man sich auch zu zweit. Es ist zwar hilfreich, wenn Väter und Mütter sich über ihr favorisiertes und geplantes Familienmodell einig sind. Dieses aber exakt wie geplant bereits innerhalb der ersten sechs Monate zu starten und umsetzen zu wollen, kann sich rächen. Interessanterweise kann das gleichermaßen das traditionelle Familienmodell – Vater arbeitet, Mutter bleibt zu Hause – betreffen wie auch das Halbe-halbe-Modell der gleichberechtigten Elternschaft.

Mütter, die das traditionelle Familienmodell gewählt haben, können sich schnell im selben Dilemma wie Alleinerziehende wiederfinden. »Aber wir hatten das *beide* so geplant! Kind und Haushalt sind doch meine Aufgabe, wenn ich zu Hause bin und mein Mann arbeitet?« Die Mutter, die das fragte, befand sich gerade in einer Klinik. Sie war wegen einer Erschöpfungsdepression stationär aufgenommen worden. Völlig ungeplant musste ihr Mann sich jetzt von der Arbeit freinehmen und das Baby zu Hause alleine versorgen.

»Ich dachte, meine Frau muss sich daran gewöhnen, dass ich nicht da bin. Ich werde doch auch in Zukunft den ganzen Tag arbeiten.«

Das unheilschwangere Prinzip des *»Sich vorzeitig an etwas gewöhnen müssen«* wenden manche Eltern also auch bei sich selbst an. Es ist aber ebenso irrtümlich wie in vielen Sätzen früherer Kindererziehung: »Trage das Baby nicht so viel herum, sonst *gewöhnt* es sich daran!«, »Lass das Baby schreien, sonst gewöhnt es sich daran, getröstet zu werden!«

Sich an etwas Unangenehmes zu gewöhnen, indem man es auch noch zum unpassenden Zeitpunkt anwendet, führt selten zum gewünschten Effekt. Es hilft nicht, sich im Sommer schwere Mäntel anzuziehen, um sich auf den kommenden Winter vorzubereiten. Wir bleiben auch nicht gelegentlich von der Arbeit fern, um Mitarbeiter daran zu *gewöhnen*, dass wir einmal krank sein könnten. Außer Erschwerung ist hier nichts Positives zu erwarten.

Die ungleichen Kräfteverhältnisse der ersten Monate stellen auch Eltern, die eine gleichberechtigte Partnerschaft geplant haben, gelegentlich vor ein Problem.

So hat einmal eine ratsuchende junge Mutter gefragt, ob sie ihr zweites Kind eventuell gar nicht erst stillen solle, um von Beginn an gleichwertige Verhältnisse zwischen sich und dem Vater herzustellen. Sie wolle keine »Hauptbindungsperson« sein, so wie es bei ihrem ersten Kind, das sie gestillt hatte, der Fall war. Sie und ihr Partner seien sich da einig.

Was so manchen stillfreudigen Müttern unbegreiflich scheinen mag, kann wiederum für andere Eltern durchaus ein Thema sein. Diese Mutter meinte damals, sie und ihr Mann hätten schon bei ihrem ersten Kind erlebt, dass Papa anfangs immer nur für das Wickeln und die Hintergrundarbeit zuständig war und Mama für das kuschelige Stillen. Obwohl sich beide Eltern von Anfang an sehr um Gleichheit bemüht hätten, sei ihr erstes Kind ein echtes »Mama-Kind« geworden. Für die Mutter sei das sehr »einengend und anstrengend«, für den Vater »kränkend und verletzend«.

Auch wenn sich Eltern noch so einig sind, kann es anders kommen als geplant. Speziell mit dem biologisch vorgegebenen Bindungssystem sollte man sich nicht anlegen.

Die Auswirkungen lieferte die Mutter in diesem Fall gleich mit: Mütter, die, aus welchen Gründen auch immer, ausgerechnet innerhalb der ersten sechs Monate verhindern wollen, dass ihr Kind ein zu anhängliches »Mama-Kind« wird, können paradoxerweise genau das selbst auslösen.

Eine Hauptbindungsperson zu sein bedeutet nicht, auch später für alles »hauptzuständig« zu sein. Eine Hauptbindungsperson bietet lediglich die sichere Basis, von der aus sich das Kind – mithilfe der Vaterfigur – überhaupt erst verselbstständigen *kann*. Hat das Baby nicht ausreichend Zweiheit mit der Mutter gehabt – unabhängig, ob diese stillt oder nicht –, ist es meist auch noch nicht bereit für den Vater. Es hat ja noch immer nicht genug »Mama« gehabt.

Wie man an diesen Beispielen sieht, kann es Folgen haben, die Sonderstellung der ersten sechs Monate nicht zu beachten. Auch einvernehmlichste Pläne der Eltern, ob traditionell oder partnerschaftlich vorgesehen, können sich dann buchstäblich ins Gegenteil verkehren.

Beibehalten der Sonderregeln

Sieht man es als eine der wichtigsten Aufgaben des Vaters, seinem Kind den Weg in die Verselbstständigung zu bahnen, so kann man die ersten sechs Monate als eine Art Vorspiel dazu betrachten. Es hat Auswirkung auf das Spätere. Ebenso hat es natürlich aber Auswirkungen, wenn es endlos ausgedehnt wird.

Nicht immer war das auch der ursprüngliche Plan. »Ich habe bitter gelernt, mich, was das Kind betrifft, bei meiner Frau nicht einzumischen«, sagte einmal der Vater eines vierzehnmonatigen Mädchens mit Essstörung. In prägnanter Kürze hatte er damit die Schwierigkeit eines Vaters zusammengefasst, dem die Reihenfolge etwas durcheinandergeraten war. Als er voll Freude und Motivation gleich nach der Geburt versucht hatte, ein aktiver Vater zu sein, war er damit seiner Partnerin offensichtlich in die Quere gekommen. Sein Überengagement hatte die Zweiheit irritiert. Jetzt, da er schon lange als Retter der beiden vonnöten wäre, hatte er sich hingegen zurückgezogen.

Das unveränderte *Beibehalten* der Sonderregeln des ersten Halbjahres weit über diese Zeit hinaus kann sich auf alle in der Familie auswirken.

Väter, die weiterhin, »schicksalsergeben« das asymmetrische Kräfteverhältnis zwischen sich und der Partnerin hinnehmen, tun weder ihrer Partnerin noch ihrem Kind (noch sich selbst) etwas Gutes damit. Was für das erste Halbjahr passend ist, wird zunehmend immer unpassender. Das Baby wächst daraus heraus, wie aus seiner Kleidungsgröße. Während sich Eltern gelegentlich sogar in einer trügerischen Harmonie erleben, können beim Kind »unerklärliche« und zunehmende Beschwerden auftreten. Es trinkt eventuell weiterhin nur wie ein Baby aus der Flasche, kann nicht schlafen, verzögert seine Entwicklung oder stellt seine Eltern vor außergewöhnliche Erziehungsprobleme.

Tipps für den Vater:

- Versuchen Sie nicht schon, von der Geburt des Kindes an eine durchgängige bleibende Vaterrolle zu finden.
- Haben Sie in den ersten sechs Monaten keine Angst, die Mutter in Führung gehen zu lassen.
- Haben Sie in der Zeit danach Vertrauen in sich selbst, mit dem Kind Ihren eigenen Weg zu entdecken.

Tipp für die Mutter:
Waren die ersten sechs Monate für Sie belastend? Sprechen Sie mit Ihrem Partner darüber. Es kann auch heilend wirken, zumindest rückblickend verstanden zu werden.

Allein gelassen

Im Stufenplan durcheinandergeraten kann auch das Helfersystem. Dass Mütter in den ersten Wochen und Monaten nach der Geburt Hilfe und Unterstützung benötigen, ist gesellschaftlich unbestritten. Dass sich das Sprichwort »*Es braucht ein ganzes Dorf, um ein Kind aufzuziehen*« aber bereits gegen Ende des ersten Lebensjahres beginnt zu bewahrheiten, ist weniger bekannt. Zu dieser Zeit wird von Müttern sowohl von außen als auch oft von ihnen selbst erwartet, dass sie alles »alleine im Griff« haben.

Plätze in Kinderkrippen und Kindergärten werden (zumindest

in Österreich und bis zum Alter von drei Jahren) von der Berufstätigkeit der Mütter abhängig gemacht. Dass das Kind selbst aber einen dringenden Bedarf nach Alternative und sozialer Erweiterung haben könnte, geht dabei völlig unter.

Alleinerziehende organisieren sich schon aus rein organisatorischen Gründen Entlastung durch Großeltern, Familie und Freundeskreis. Ganz nebenbei ergeben sich dadurch für Kinder die so wichtigen alternativen Sozialerfahrungen. Wie so oft bleiben auch hier die »väterlichen« Effekte auf das Kind geheim und unbemerkt.

Gibt es aber keine Vaterfigur, keine alternativen Bezugspersonen und auch kein institutionelles Angebot, werden Mutter und Kind zunehmend auf sich selbst zurückgeworfen. So war es auch bei Jonny.

Jonny ist etwas über zwei Jahre, als er zu uns kommt. Er wurde uns von einem Entwicklungsinstitut wegen Entwicklungsverzögerung, Hyperaktivität und autistischen Zügen zugewiesen. Bei der telefonischen Voranmeldung hatte uns die jugendliche alleinstehende Mutter auf die Frage des Aufnahmegrundes geantwortet: »Er ist ein böses Kind.«

Während der Aufnahme läuft »das böse Kind« wie wild durch die Station. Einerseits wirkt er sauber gekleidet und gut genährt, andererseits ist sein Verhalten sehr befremdend. Er sieht niemanden an, reagiert nicht auf seinen Namen. Er verschiebt ziellos Autos, lässt sie gleich wieder stehen und wirft ohne Zusammenhang Spielsachen durch die Zimmer und den Gang.

Währenddessen erzählt seine Mutter von Alleingelassensein, Einsamkeit und dass Jonnys Vater das Land verlassen habe. Sie wirkt, als würde sie unter großem Druck stehen, und macht fast einen gehetzten Eindruck. Jonnys auffallendes Verhalten scheint sie als selbstverständlich und geradezu typisch zu sehen. Sie beachtet ihn gar nicht. Für mich selbst wird die Situation zunehmend zu chaotisch. Über so belastende Geschichten zu sprechen und gleichzeitig ein so dramatisch auffallendes Kind zu erleben, überfordert mich etwas.

Gut, dass wir das Aufnahmegespräch gemeinsam mit einer Kinderkrankenschwester führen. Ich ergreife die Gelegenheit, mich vorerst ausschließlich auf Jonny zu konzentrieren. Auch mich hat er, so wie alle anderen, inzwischen noch keines einzigen Blickes gewürdigt. Wie könnte ich mit ihm in Kontakt treten?

Ich erinnere mich an eine meiner Supervisionsstunden bei dem Kinderpsychiater Rudolf Ekstein. Das Wichtigste fand er immer, war ein Kind zu »*joinen*« – das heißt, es zu »begleiten«. Die Geschichte, die mir dazu einfällt, war die eines kleinen Schuljungen, der sich traurig unter sein Bett verkrochen hatte. Um irgendwie mit diesem Kind ins Gespräch zu kommen, hatte sich Ekstein sogar zu diesem unter das Bett gezwängt. »Was willst du denn hier?«, hatte er dann das Kind gefragt. »Weg!«, hatte der Junge geantwortet und Ekstein hatte zurückgefragt: »Nimmst du mich mit?«

Wie also könnte man Jonny »begleiten«? Ich nehme das nächste Schiebeauto und folge Jonny auf seiner rastlosen Jagd durch die Zimmer. Ich mache es so wie er. Ich schaue ihn nicht an. Ich spreche auch nicht. Nur meine Bewegungen und Geräusche stimme ich auf ihn ab. Nach einiger Zeit bleibt er kurz stehen und wirft mir einen verdutzten Blick von der Seite zu. Dann läuft er wieder weiter, beginnt aber zunehmend seine Spielsachen vermehrt in meine Richtung zu schieben. Nach einigen kurzen Spielsequenzen sieht er mich voll an und – lächelt.

Autist ist er also nicht, denke ich mir.

Um die anderen Mitpatienten etwas zu schonen, verlegen wir das Aufnahmegespräch mit Mutter und Kind in den weitläufigen Garten des Krankenhauses. Jonny hat sich inzwischen mit nur einem einzigen fahrbaren Spielzeug begnügt. Er rennt damit über die Wege, bleibt aber erstaunlicherweise immer in der Nähe. Wenige Sekunden, nachdem seine Mutter erzählt, dass er noch immer nicht sprechen kann, deutet er plötzlich auf den Himmel zwischen den Bäumen und ruft etwas Unverständliches.

»Aber jetzt hat er doch was gesagt!?«, wende ich mich an die Mutter. »Ach, das ist immer nur Blödsinn. Er kann nicht sprechen«, meint sie. »Aber er hat doch etwas Bestimmtes gemeint und hingezeigt?« Ich versuche die Situation zu verstehen. Um den gleichen Blickwinkel wie Jonny einzunehmen, gehe ich neben ihm in die Hocke und schaue zum Himmel hinauf. »Jonny,

was hast du denn gesehen? War da ein Flugzeug?«, frage ich und zeige hinauf in den Himmel. Er deutet noch einmal und sagt wieder etwas. Ich verstehe es wieder nicht.
Dann plötzlich wendet er den Blick vom Himmel ab und richtet ihn auf mich. Aufmerksam mustert er mich von Kopf bis Fuß in meiner vor ihm hockenden Stellung. Er sieht mir in die Augen. Dann geht er langsam – ganz so wie ich – auch in die Hocke.
Ich bin gerührt. Jonny begleitet *mich*.

Jonny war weder autistisch noch hyperaktiv. Jonny war nur – ebenso wie seine Mutter – alleine gelassen und auf sich selbst zurückgeworfen. Als Jonny noch ein Baby war, wäre er »brav« gewesen, erzählte seine Mutter. Selbst noch ein halbes Kind hatte sie ihn, ganz alleine, erstaunlich gut versorgen können. In der Zeit der Zweiheit hatte sie noch alles im Griff gehabt. Wohlbehalten und gesund hatte sie ihn über die Runden gebracht.

Dass er ihr nach all den Mühen die Idylle aufgekündigt hatte, war für sie unverständlich und bitter. Alles, was bisher ihre Aufgabe war, begann Jonny zu erschweren. Er wollte sich nicht mehr anziehen lassen, nicht mehr baden und nicht mehr wickeln. Er folgte nicht. Er hörte nicht auf seinen Namen. Die Aggression, die er mit alldem bei seiner Mutter auslöste, war groß.

Niemand anderer war da, der Jonny und seine Handlungen beachtet oder diese in einen größeren Zusammenhang gebracht hätte. Wenn in Handlungen eines Kindes aber kein Sinn hineingelegt wird, so erschließt sich für das Kind auch nirgends Sinn. Es gibt kein Weiterkommen mehr. Für Jonny gab es niemanden weit und breit, der ihm dabei helfen hätte können. Keine Großeltern, kein Vaterersatz, kein Vater. Dabei hätte ihn ein »guter Vater« retten können – und dessen Mutter gleich dazu.

Die gesellschaftliche Einstellung, dass ein Kleinkind ausschließlich seine Mutter braucht, ist ein weit verbreiteter Irrtum. Er führt dazu, dass so mancher Vater (wie auch bei Jonny) annimmt, dass ihn sein kleines Kind sowieso nicht braucht; dass es Kinderkrippenplätze unter Umständen nur für jene Kinder gibt, deren Mutter verhindert – nämlich berufstätig – sind, und dass Mütter selbst glauben, ganz alleine zuständig zu sein.

Was für das erste Halbjahr noch passen mag, kann danach immer mehr zu einer Falle werden. Auch Jonny und seine Mutter sind hineingetappt. Im Glauben, Jonny damit Gutes zu tun, hat seine Mutter nicht auf sich selbst gehört. Ihr Gefühl, immer wieder »genervt zu sein«, ihre Wünsche nach Pause und Entlastung schienen ihr mit dem Bild einer »guten Mutter« nicht vereinbar.

Dabei gilt eher der Umkehrschluss. Was der Mutter guttut, tut auch dem Kind gut. Wünscht sich die Mutter etwas mehr Abwechslung und Zeit für sich, so kann man im Kleinkindalter geradezu sicher davon ausgehen, dass es auch ganz genauso dem Kind ergeht. Es selbst braucht jetzt »Abwechslung«, nämlich alternative Sozialerfahrungen und regelmäßig Kontakt mit anderen (Lieblings-)Menschen.

Ergeben sich solche Situationen nicht von selbst, sollte man sie gezielt suchen und ermöglichen. Fündig werden kann man in Eltern-Kind-Gruppen, Spielgruppen und ähnlichen Vereinen. Ganze Lebensfreundschaften können sich daraus entwickeln. Speziell Alleinerziehende können sich gegenseitig ganz wunderbar unterstützen. Sind die Kinder wechselweise einmal bei der einen und dann wieder bei der anderen Familie zu Besuch, kann sich sogar so etwas Ähnliches wie väterliche und mütterliche Polarität entwickeln. Während man dem eigenen Kind gegenüber mütterlich handelt, übernimmt man eventuell dem anderen Kind gegenüber bereits die Vaterrolle. Es liegt ja nicht am Geschlecht. Selbst wenn eine Mutter solche Art der »Fremdbetreuung« aus ihrer persönlichen Sicht als nicht zwingend notwendig ansieht, so könnte es doch sehr wahrscheinlich sein, dass ihr Kind danach Bedarf hat.

Gespenster im Kinderzimmer

Verirren in der Anfangszeit kann man sich auch noch aus ganz anderen Gründen.

Das hat damit zu tun, dass Eltern nicht einfach Erwachsene sind, die gerade ein Baby betreuen. Das, was Eltern eben zu Eltern macht, sind ihre tiefen Gefühle zu ihrem Kind. Es ist das starke emotionale Band zu diesem kleinen Wesen. Es geht um eine Beziehung, die ein Leben lang bestehen bleiben soll. Und sie ist nicht austauschbar.

Wird man Vater und Mutter, so geht es um Gefühle. Was einem selbst früher als Kind wichtig war, soll auch das eigene Kind bekommen oder erleben. Vor dem, was Eltern selbst erlitten haben, wollen sie ihr Kind beschützen.

Aber niemand – auch nicht Eltern – kann sich seine eigene Vergangenheit aussuchen. Manchmal ist auch Dramatisches vorgefallen. Das können Unfälle sein, Krankheiten, Verluste oder Trennungen, Erfahrungen mit schwarzer Pädagogik und seelische Verletzungen.

In einer Zeit, in der tiefe Gefühle sogar notwendig sind, tauchen diese Erfahrungen manchmal auf und treiben ihr Unwesen. Als »Gespenster im Kinderzimmer« bezeichnet Selma Fraiberg jene Phänomene der Gefühlswelt aus der Vergangenheit, die manchmal sowohl Vater als auch Mutter und Baby heimsuchen können.

Marie war drei Monate alt und ein Schreibaby. Niemand konnte sie beruhigen. Sie schrie stundenlang, sowohl tagsüber als auch nachts. Ihre Eltern waren durch Schlafentzug so am Rande ihrer Kräfte, dass Mutter und Baby stationär aufgenommen werden mussten.

Der Vater kam regelmäßig zu Besuch. Was bei seinen Besuchen auffiel, war seine häufige Kritik an seiner Frau. Ich weiß nicht mehr, was ihm alles an ihr unpassend erschien, jedenfalls wirkte er sehr aufbrausend und vor allem ungeduldig.

»Er ist eigentlich nicht so!«, versuchte seine Frau ihn zu verteidigen. Obwohl sein Verhalten für sie oft kränkend war, nahm sie ihn immer wieder in Schutz. »Früher war er ganz anders.« Das alles habe erst seit der Geburt ihrer kleinen Tochter begonnen. Er habe sich total verändert. Auch mir, der stationsführenden Ärztin gegenüber und auf der Station, war seine Ungeduld sehr deutlich fühlbar. Wiederholt hatte er Termine mit mir nicht »abwarten können«, wie er es mir ausrichten ließ. Er sei verärgert gegangen schilderte mir dann die Krankenschwester. Jetzt stimmt es einerseits, dass ich auf der Station speziell im Nachtdienst nicht frei über meine Zeit verfügen kann. Meist gebe ich eine ungefähre Zeit an. Andererseits war das bei anderen Familien aber nie ein Thema gewesen.

Endlich klappte das erste Elterngespräch. Ich war ein wenig reserviert. Wie üblich fragte ich auch nach den Eltern der Eltern. Als der Vater an die Reihe kam, über seine eigenen Eltern zu sprechen, schwieg er zunächst. »Meine Mutter. Was soll ich über meine Mutter sagen?«, antwortete er schließlich mit einem leichten Kopfschütteln. »Sie hat sich nicht um mich gekümmert. Sie hat mir oft nicht einmal Essen gemacht. Ich habe manchmal den ganzen Tag hungrig darauf gewartet, dass mein Vater abends nach Hause kommt. Der hat mir dann etwas gekocht.«

Meine Gefühle damals sind schwer zu beschreiben. Als Kinderärztin hat man da schnell Bilder im Kopf. Er muss schon ein Schulkind gewesen sein, dass er sich so klar erinnern konnte. Ich spürte jedenfalls tiefe Betroffenheit. Und dann war da noch etwas. Ein plötzliches tiefes Verstehen. »Also, wenn Sie mir so etwas erzählen«, sagte ich nach einer langen Pause, »dann wundert es mich ehrlich gesagt überhaupt nicht, dass Sie nicht warten können!«

Es ist eine der Sternstunden solcher Gespräche, wenn es ein plötzliches »klick« macht. Und das hatte es anscheinend. Es hatte »klick« gemacht und etwas rastete ein. Nicht nur bei mir, sondern auch beim Vater und auch bei seiner Frau. Die beiden blickten einander lange in die Augen. Er verstand sich selbst, sie ihn und beide einander. Seine Ungeduld und Kritik hatten gar nicht seiner Frau gegolten – sondern eigentlich seiner eigenen Mutter.

Danach war vieles anders. Marie schrie immer weniger, die Mutter war gelöst. Und der Vater? »Sie haben ja auf mich gewartet!?«, begrüßte ich ihn erstaunt lächelnd bei einem unserer Folgegespräche. »Ja«, bestätigte er lächelnd, »ich rege mich jetzt nicht mehr so schnell auf.«

Aus dieser Geschichte kann man viel mitnehmen. Zum Beispiel, wie sehr es Mütter belasten kann, in »ihrer Zeit« nicht gestützt und geliebt zu werden. Wie sich daraus sogar Schreibabys entwickeln können. Und dass niemand daran schuld sein muss. Man kann sich die Geschichten seiner Kindheit nicht aussuchen und man kann sie auch nicht mehr ändern. Man kann sie aber an den Platz verweisen, wo sie hingehören.

Wird aus einem Paar erstmalig Vater und Mutter, so überlagern sich für beide zeitweise die Bilder der Gegenwart mit jenen der Vergangenheit. Vätern geht es da nicht anders als Müttern. Auch Väter nehmen dann auf irgendeine Weise beim eigenen Vater Maß. Was kann und will man von diesem übernehmen? Was will man unbedingt anders machen? Gab es ihn überhaupt?

Für die Beziehung zur Partnerin hingegen ist bedeutsam, wie er seine *eigene Mutter* erlebt hat und erlebt. Verwandelt sich die Partnerin in eine Mutter, so vermischen sich ihr gegenüber, zumindest eine Zeit lang, fast zwangsläufig Gefühle von früher und jetzt.

Sind es gute Gefühle? Wie wunderbar und hilfreich. So vieles scheint Vätern in der Anfangszeit dann selbstverständlich und leicht. Sind die Gefühle hingegen schmerzhaft oder ambivalent, sieht es anders aus.

Speziell für Väter, deren Beziehung zur eigenen Mutter gekennzeichnet ist von mühsamem Kampf um Abgrenzung und Selbstbestimmung, ist die Asymmetrie der ersten Monate schwer erträglich. Ein altes Gefühl kann auftauchen, das warnt – die Mutter darf keinesfalls zu mächtig werden.

Hier schließt sich dann auch wieder der Kreis der Generationen.

Tipp für Eltern:
Entdecken Sie an sich unerklärliche Veränderungen, die Sie selbst als unerwünscht und störend erleben, dann suchen Sie ein Gespräch mit Fachleuten (z. B. Psychotherapeuten oder Babyberatungszentren).

Moderne Medizin und frühe Kindheit

Die Medizin hat große Fortschritte gemacht. Speziell was Elternschaft betrifft, ist heute vieles möglich, was früher undenkbar war. Immer jüngere Frühchen können überleben. Bereits im Mutterleib und an Neugeborenen können die schwierigsten Operationen durchgeführt werden. Paare, die früher keine Kinder bekommen hätten, können dank Fortpflanzungsmedizin nun welche bekommen. Sogar mehrere Elternpaare gleichzeitig sind rein technisch möglich. Es gibt Hormontherapien, In-vitro-Fertilisation und genaueste Vorsorgeuntersuchungen.

Und selbstverständlich bleibt all das nicht ohne Nebenwirkungen.

Manchmal reicht dazu schon der alleinige Verdacht, mit dem Ungeborenen könne etwas nicht in Ordnung sein. Bei möglicher Behinderung werden Eltern gefragt, ob sie nicht eventuell abtreiben wollen. Bei Mehrlingen, wie etwa nach Hormonbehandlung, wird von Ärzten nicht selten sogar das Abtöten eines der Kinder empfohlen. Gelegentlich wird auch eine falsche Diagnose gestellt. Zum Beispiel, dass das Baby – welches dann kerngesund zur Welt kommt – bereits im Mutterleib abgestorben wäre.

Wer sich jemals von Eltern die medizinische Vorgeschichte ihres, vielleicht letztendlich dann doch gesunden, Babys hat schildern lassen, ahnt, durch welchen Albtraum sowohl Eltern als auch Baby dabei gehen können.

Sowohl für Eltern als auch Kind kann das Folgen haben. Eltern sind nach solchen Erfahrungen häufig ängstlicher und unsicherer. Sie haben ja bereits erlebt, dass jederzeit das Schlimmste passieren kann. Sowohl das Vertrauen in sich selbst als auch jenes in das Baby kann geschwächt sein.

Für Väter ergibt sich dabei eine spezielle Konstellation. Schon während der Schwangerschaft ihrer Partnerin standen sie oft an vorderster Front. Sie waren diejenigen, die die Nerven bewahren sollten. Sie waren diejenigen, die vernünftig-rationale Entscheidungen fällen sollten. Bei der Geburt fürchteten sie nicht selten sowohl um das Kind als auch um ihre Partnerin. Viele eigene Sorgen konnten sie nicht mit der Partnerin besprechen, weil sie sie schonen und schützen wollten.

Kommen Eltern dann schließlich mit dem – endlich das Entlassungsgewicht erreichten – Kind nach Hause, muss neben all der Babyversorgung auch noch zusätzlich das Erlebte innerlich verarbeitet, verdaut und geordnet werden. Nach so einer Ausnahmezeit sollten Väter weder von sich selbst noch von der Partnerin oder dem Kind so etwas wie Normalität und übliches Verhalten erwarten. Vieles kann jetzt einfach länger dauern als erwartet

Auch das Baby hat alles miterlebt. Es kann zunächst besonders irritierbar sein und sein Verhalten schwer zu verstehen. Kein Wunder, haben epigenetische Forschungen doch nachgewiesen, dass Stresshormone der Mutter direkt das Ungeborene erreichen und beeinflussen.

Haben Babys, so wie auch viele Frühchen, schwierige Klinikaufenthalte hinter sich, so zeigen sie unter Umständen verfrüht oder auch übersteigert die typischen Bedürfnisse der Autonomie. Früher als erwartet und deutlicher brauchen sie dann zum Beispiel Bestätigung ihrer Körpergrenzen oder das Prinzip des »Ich und du«.

Das ist nachvollziehbar. Hat man im Rahmen notwendiger medizinischer Behandlung so viel Fremdbestimmung und Grenzüberschreitung erfahren müssen, so braucht es danach einen Ausgleich. Für einige Zeit benötigt das Kind dann dafür von etwas anderem *mehr*.

Bei Frühchen kommt noch hinzu, dass man sich auch nicht an die üblichen Altersempfehlungen halten kann. Frühchen sind ja eigentlich jünger. Von den Kinderärzten werden deshalb verschiedene Parameter rückdatiert und auf das eigentliche Alter korrigiert. Das betrifft vor allem motorische Entwicklung und anfängliches Gewicht.

Emotional und sozial sind diese Kinder aber oft genauso alt, wie sie laut Geburtstag auch wirklich sind. Während die Motorik nach einem fixen Plan heranreift, unabhängig davon, wann die Geburt stattgefunden hat, so vollzieht sich *Lernen* explosionsartig mit dem Beginn des Kontaktes zur Außenwelt.

Für Erwachsene kann es verwirrend sein, wenn ein Einjähriges nur wenig größer ist als ein Neugeborenes. Seine möglichen altersgemäßen Bedürfnisse kann man ihm dann nicht ansehen. Deshalb werden Frühchen häufig unterschätzt.

Manche Frühchen im zweiten Halbjahr scheinen sich darüber nahezu zu ärgern. Es ist, als würden sie begreifen, dass man ihre neuen Fähigkeiten so gar nicht wahrzunehmen scheint. Sogar über sich selbst scheinen sie gelegentlich grantig. Fast könnte man meinen, sie ärgern sich, weil sie schon so tolle Pläne hätten, diese aber nicht körperlich umsetzen können.

Während im zweiten Halbjahr viele Väter, ganz intuitiv, ihrem Kind gegenüber auf eine andere Gangart schalten, ist das bei Frühchen also gleich aus mehreren Gründen erschwert. Weiterhin unverändert mütterlich-elterlich zu handeln oder zu reagieren, löst aber nicht das Grundproblem des Kindes. Im Gegenteil – eher kommt ein neues dazu. Die Geschichte von Baby Carl und seinem zunehmenden Essproblem ist ein Beispiel dafür.

Das Prinzip kann man auch an kleinen Alltagssituationen veranschaulichen – zum Beispiel am Herumtragen des Babys.

Wenn Babys in den ersten Monaten weinen, so ist eine der ersten Reaktionen der Eltern, sie wiegend und schaukelnd herumzutragen. Kleine Babys weinen, weil sie Bauchweh haben, müde sind oder sonst wie unpässlich. Auch wenn ihnen gewiegt zu werden dann guttut, dauert es meist einige Zeit, bis das Weinen daraufhin leiser und weniger wird.

Im zweiten Halbjahr und je älter die Babys werden, umso mehr weinen sie aber auch noch aus anderen Gründen. Zum Beispiel, weil sie unterfordert sind, weil sie Unterhaltung wollen, Abwechslung, Beschäftigung oder aus Ärger. Ihr Weinen kann dann auch schon als eine echte an die Eltern gerichtete Mitteilung verstanden werden: »Hallo, tu was!« Errät und tut man dann das Passende, bekommt man jetzt auch eine prompte Antwort: »Ja! Genau!« – Das Weinen hört schlagartig auf.

Ärgern können sich auch speziell ältere Frühchen. Zum Beispiel, wenn wieder etwas nicht geklappt hat, weil die Motorik eben noch nicht mitmacht. Da sie aber manchmal nicht viel größer als ein Neugeborenes sind, laden sie geradezu dazu ein, sie auch wie ein solches beruhigen zu wollen – und werden herumgetragen. Das kann leider eine Sackgasse sein.

Wird das »Herumtragen« zu einer Art Universallösung, so hindert dies das Kind daran, notwendige Bewegungsabläufe altersentsprechend zu üben, zu trainieren und weiterzuentwickeln. Motorische Fortschritte und Veränderungen werden dadurch erschwert. Eigentlich wird das Kind *noch* länger im selben Dilemma steckenbleiben.

Tipps für Eltern:

- Lassen Sie sich von Größe und Gewicht eines älteren ehemaligen Frühchens nicht täuschen.
- Orientieren Sie sich ganz allgemein im Alltag auch am »wirklichen« Alter des Kindes.
- Wenden Sie auch bei diversen Entwicklungsverzögerungen die »kleinen Details« an, die im folgenden Buchteil beschrieben werden.

III. DIE KLEINEN DETAILS

Eltern sind täglich mit einer Fülle wichtiger und großer Entscheidungen für ihr Kind konfrontiert. Wie ernähre ich es gesund? Wie schütze ich es vor Gefahren? Welcher Hochsitz ist der bessere? Sollte man die Medikamente nicht doch woanders verstauen? Ab wann soll es in den Kindergarten und ist dieser auch der richtige? Wer holt es heute ab? Ist es vielleicht krank? Wo bekomme ich für Samstag (Montag, Dienstag) einen Babysitter her? Der Alltag junger Eltern ist gepflastert mit Entscheidungen, die sie ganz alleine treffen müssen.

So bedeutend diese Themen für das Kind auch sind, so wenig liegen diese in seinem eigenen Erfahrungsbereich. Was ein Baby aber sehr aufmerksam verfolgt, ist, wie ganz persönlich mit ihm selbst umgegangen wird. Im direkten Erleben seiner Eltern ihm gegenüber betrachtet das Kind sich sozusagen selbst im Spiegel. Aha, so sehen einen die Eltern! Das ist es also, was sie von einem erwarten!

Entwicklungspsychologen sind sich derzeit einig, dass das Grundgerüst psychischer Entwicklung bereits in den ersten drei Lebensjahren angelegt wird. Eltern fragen sich allerdings gelegentlich im Trubel des Alltages zwischen Wickeltisch und Spielzeugkiste, wie sich dieses geheimnisvolle Etwas wohl bilden mag.

Als Antwort kann man sagen: Es sind vor allem die banalen, sich täglich wiederholenden Alltagssituationen, an denen sich Babys und Kleinkinder orientieren. Sie ziehen daraus ihre Schlussfolgerungen. Nicht nur, was gesagt oder getan wird, spielt eine Rolle, sondern auch dessen nähere Umstände. Es geht genauso um das Wann und Wie.

Aus Handlung, deren Zusammenhang, Gefühlslage der Eltern und sogar einer gewissen Reihenfolge ergibt sich für das Baby dann der tiefere Sinn des *Gesamten*. Eltern wissen oft gar nicht, was sie ihrem Kind da alles mitteilen.

Im folgenden Buchabschnitt wird versucht, auf diese Einzelteile, aus denen sich Kinder ihr Weltbild zusammenreimen, detailliert einzugehen.

Man kann diese Details auch als so etwas wie »Vitamine« betrachten. Jedes Kind braucht sie. Manche Kinder, zum Beispiel solche, die Belastungen erlebt haben, brauchen davon aber deutlich mehr.

Für Mütter sind diese Details ebenso interessant wie für Väter. Es ist für ein Kind ganz wunderbar, wenn seine Mutter diese ebenfalls im Alltag beachtet und anwendet. Trotzdem gibt es hier einen Unterschied. Das hat nichts mit Mutter und Vater als Person zu tun. Die Verschiedenheit liegt vielmehr an der unterschiedlichen Positionierung der beiden und an der besonderen Entwicklungsaufgabe ihres Kindes.

Im Prozess der Verselbstständigung ist es für das Kind an der Zeit, langsam aus der Zweiheit mit der Mutter herauszutreten. Es ist die Anziehungskraft des Dritten, die dabei so vorbehaltlos hilft. Es ist die Kraft dessen, der eben *nicht* Teil der Zweiheit ist.

Bleibt man beim Gleichnis Auto und Autonomie, so heißt das: Solange der Vater solche Details nicht *auch* anwendet, ist irgendwie die Handbremse gezogen. Mütter alleine müssen dann *sehr viel* Gas geben, um vom Fleck zu kommen. Sie müssen diese Details dann sogar überaus beachten. Wenden sie hingegen Väter an, ist es, als säßen alle in einem Ferrari – ein wenig auf das Gaspedal treten und ab geht die Post.

8. Mit dem Baby sprechen

Zu jemandem zu sprechen ist ein untrügliches Zeichen dafür, dass wir in demjenigen ein eigenes Wesen sehen. Unabhängig davon, *was* wir sagen, allein schon, *dass* wir überhaupt zu ihm sprechen, sagt etwas aus. Es sagt etwas aus über uns selbst und auch über den anderen. Es zeigt nämlich an, wie wir den anderen einschätzen. Wir sehen offenbar in ihm ein fühlendes und eigenständiges Wesen. Wir sprechen normalerweise nicht mit Steinen und Gartenstühlen. Wir sprechen auch nicht mit Teilen unseres Körpers, beispielsweise mit der eigenen Hand.

Was und wie wir etwas sagen, drückt auch aus, wie wir den anderen einschätzen. Erwarten wir bei einem Erwachsenen, dass er unsere Sprache unter Umständen nicht oder nur schlecht versteht, vereinfachen wir sie. »Du nix gehen dorthin«, sagen wir zum Beispiel und gestikulieren dabei. Überraschung kann es geben, sollte derjenige dann in hochgeschliffenem Deutsch antworten: »Doch! Der Vortrag über sozialkritische Hermeneutik in der Spätgotik des dreizehnten Jahrhunderts interessiert mich sehr!« Peinlich. Und zwar deshalb, weil wir begreifen, dass wir uns nicht nur einfach geirrt haben. Wir verstehen auch augenblicklich, dass unser Gegenüber dies jetzt *auch* weiß. Wir haben ungeplant soeben etwas über uns selbst enthüllt. Wir haben unser Gegenüber krass unterschätzt und ihm das unabsichtlich mitgeteilt. Wir glaubten, dass der andere etwas nicht kann, was er aber sogar hervorragend beherrscht.

Bei Kleinkindern funktioniert das Prinzip nicht viel anders. Dass und wie wir mit ihnen sprechen, lässt sie rückschließen darauf, wie wir sie einschätzen und welchen Platz wir ihnen zuteilen.

Spracherwerb ist mehr als nur »sprechen lernen«. Worte für etwas zu haben ist wie ein Werkzeug, das eine neue Dimension des Denkens ermöglicht. Ein Tisch, den man anfassen kann, ist etwas anderes als das *Wort* Tisch. Das eine ist eine Sache, das andere ein Begriff im Kopf. Den gedachten Tisch im eigenen Kopf könnte man auch fliegen lassen. Bei dem realen Tisch, den ich berühren kann, wird das schwer. Ein wenig erinnert das Thema an das Bild »Ceci n'est pas une pipe« des Surrealisten René Magritte. Es zeigt das Bild einer Pfeife und darunter steht »Das hier ist keine Pfeife«. Das, was man sieht, ist nämlich nur die *Abbildung* einer Pfeife.

Es ist interessant, dass die Lebensphase, in der der Vater für das Kind so besonders wichtig wird, gleichzeitig einhergeht mit einer neuen Fähigkeit – eben der Sprachentwicklung. Wenn um ein Jahr herum ein Kind die ersten Worte sprechen lernt, hat es aber davor schon sehr viel mehr Worte *verstanden*. Lernen wir eine Fremdsprache, so geht es uns als Erwachsenen ja auch ähnlich. Aktives Sprechen hinkt dem passiven Verstehen hinterher.

Das wirklich Erstaunliche bei so kleinen Kindern ist aber, dass sie sogar mehr verstehen als nur den Inhalt oder einzelne Worte. Wer mit Kindern im zweiten Lebenshalbjahr bewusst spricht und sie dabei beobachtet, könnte sich fast einen Rhetorikkurs ersparen oder das halbe Studium der Kommunikationslehre. Was haben Sie zum Beispiel gerade gesagt, bevor das Kind sich abwandte? War es eine Frage oder ein Befehl? War es eine Frage, auf die man viel erzählen könnte, oder eine, auf die man nur ja oder nein antworten kann? Haben Sie einen ganzen Lösungsweg vorgegeben? Wer war der Erste, der die Initiative ergriffen hat?

Auch die Sprache steht ganz im Dienste der Autonomieentwicklung. Selbstständig sein heißt ja, eigene Lösungswege zu finden. Dazu braucht das Kind Werkzeuge. Das sind Informationen über sich selbst, über die anderen, über Zusammenhänge, über die Welt an sich.

Spricht man mit großen Babys oder Kleinkindern, gibt es sozusagen Türöffner und Türschließer. Ist die Form, wie mit dem Kind gesprochen wird, für das Kind hilfreich bei seiner derzeitigen Entwicklungsaufgabe, wird es das dankbar annehmen. Das betrifft zum Beispiel die Frageform. Das Kind ist dann unter Umständen mit Freude bereit zu einer Tätigkeit. Die Tür öffnet sich. Ist die Form hingegen hinderlich – etwa bei der Befehlsform – wird es sich abwenden, eventuell sogar »unartig« sein. Die Tür schließt sich.

»Ich weiß, dass ich mehr mit ihr/ihm sprechen sollte. Aber ehrlich gesagt, ich weiß gar nicht, was ich da sagen sollte. Glauben Sie, sie/er versteht das schon?« – Der gute Rat an Eltern: »Sprechen Sie viel mit Ihrem Kind«, ist nämlich leicht gesagt. Was spricht man mit einem Kind, das selbst noch gar nicht sprechen kann?

Viele Eltern beginnen mit ihren Kindern erst dann wirklich zu sprechen, wenn auch diese selbst Worte verwenden. Es ist, als ob Eltern erst einen Beweis bräuchten, dass ihr Kind wirklich schon mit Sprache etwas anfangen kann. Bemerkungen, dass ihr Kind schon alles verstehe, wird oft begeistert zugestimmt: »Ja, er/sie versteht schon *alles*!« Trotzdem wird weiterhin in dessen Gegenwart mehr über als *mit* dem Kind geredet.

Dieses Kapitel soll Anregungen geben, wie das Sprechen mit Babys und Kleinkindern, eingebettet in deren sonstige Entwicklungsthemen, sinnvoll angewandt werden kann.

Bei Handlungen sprechen

Handlungsbegleitendes Sprechen ist genau das, was es heißt: während einer Handlung sprechen und diese mit Worten begleiten. »Ich setze mich jetzt zu dir«, oder: »Aha, du gibst mir deine Kugel«, »Opa holt dir die Schuhe« – alles bezeichnet Handlungen, die das Kind, die Eltern selbst oder jemand anderes gerade ausführt. Eigentlich ist es eine Eins-zu-eins-Übersetzung von einer Handlung in Sprache. Voraussetzung dafür ist, dass das Kind dies auch gleichzeitig selbst beobachten kann.

Für Erwachsene gehört diese Art zu sprechen nicht in das normale unter Erwachsenen übliche Repertoire. Sogar eher im Gegenteil. Merken wir, dass ein anderer Erwachsener eine Handlung *sieht,* so erübrigt sich ja, darüber zu sprechen. Wir rufen bestenfalls aus dem Nebenzimmer »Ich ziehe mich gerade an!«, wenn wir wissen, dass der andere es eben *nicht* sehen kann. Für Kleinkinder gelten hier aber andere Regeln.

Dass es für Erwachsene unüblich ist, so zu sprechen, erklärt eventuell auch, warum diese für kleine Kinder so hilfreiche Gesprächsführung so selten genutzt wird. Fachleute in Kitas und Grundschullehrer wenden sie hingegen oft beispielhaft an.

Manchmal geht es aber gar nicht nur um den Wortschatz und das Übersetzen in Worte. Handlungsbegleitendes Sprechen eröffnet dem Kind mitunter auch erst den tieferen Sinn.

Als Beispiel führe ich gerne meine Unkenntnis beim »American Football« an. Ich sehe am Bildschirm zwar, was passiert, verstehe aber trotzdem nicht ganz den Sinn. Sitzt allerdings jemand dabei, der das Spiel kommentiert, begreife ich plötzlich viel mehr.

Worte können der Verbindungskitt sein zwischen einzelnen Bildern. Ihr Kind sieht zwar unter Umständen, dass Sie irgendwo Wasser hingießen, dass man das aber »Blumen gießen« nennt – und es offensichtlich was mit Blumen zu tun hat –, ist ihm eventuell neu. Es ist die Gleichzeitigkeit von etwas Beobachtetem mit dem gesprochenen Wort, was für ein Kind so nutzbringend ist wie ein Lexikon und ein Vokabelheft zusammen.

In gewisser Weise entspricht es dem Vorgehen eines Radioreporters, der gerade »live« über ein von ihm gesehenes Fußballmatch für seine Zuhörer zu Hause berichtet. Er fasst in Worte, was das Kind selbst oder jemand anderer gerade tut. Kurze Drei-Wörter-Sätze sind dabei genau passend.

Auch Neugeborene und kleine Babys lieben diese Sprechweise. Allerdings aus einem anderen Grund. Die Stimmen der Eltern zu hören, wirkt einfach wohlig und beruhigend auf sie. Sie kennen diese Stimmen ja schon seit ihrer Zeit im Bauch. Sich jetzt wie von einer Klangwolke davon umgeben zu fühlen, vermittelt ihnen Sicherheit und Vertrauen.

Spiegelndes Sprechen

Beim spiegelnden Sprechen handelt es sich fast genau um das gleiche Prinzip. Nur geht es hier um all das, was man eben *nicht* sehen kann. Es gibt ja auch ganz viele Worte für Unsichtbares. Gefühle zum Beispiel, kann man nicht sehen.

Auf Freude, Zorn, Ärger oder Erschrecken kann man nicht hinzeigen und sagen: »So schaut das aus.« Das geht auch nicht bei Absichten, Plänen oder Überraschungen. Man kann all das auch nicht anfassen und untersuchen. Es sind innere Zustände.

Dass nicht nur sie selbst, sondern anscheinend jeder Mensch diese »Zustände« kennt, ist für Kleinkinder eine überraschende Entdeckung. So wie beim handlungsbegleitenden Sprechen geht es auch dabei um den unmittelbaren Zusammenhang.

Leonie fährt beim Klirren des hinuntergefallenen Tellers zusammen – »Oh, jetzt, hast du dich aber erschrocken!«, klärt die Situation schon ein wenig. Sie läuft freudestrahlend ihrem heimkommenden Vater entgegen. »Ja, du freust dich aber!« Solche kleinen Sätze haben große Wirkung.

Dass es Worte für innere Gefühle gibt und dass Eltern auch noch wissen, wann man sie fühlt, ist für kleine Kinder ein wenig wie Zauberei. Woher wissen die das? Es gibt also nicht nur eine äußere Welt zum Kennenlernen, sondern genauso eine innere. Und auch die kann man mit seinen Eltern teilen.

»Nein, das mag ich nicht! Das ärgert mich«, sagt der Vater und zieht seine Augenbrauen zusammen und die Mundwinkel hinunter, als ihn Christian an den Haaren zieht. So sieht Ärger also aus. Christian zieht gleich noch einmal, um zu sehen, ob man das wiederholen kann.

»Ich weiß sowieso immer ganz genau, was er will«, meint die Mutter. Wunderbar! Aber weil wir Erwachsenen wissen, was in einem Baby oder Kleinkind gerade vor sich geht, heißt das noch lange nicht, dass das Kind es *selber* weiß – geschweige, dass es sogar ein Wort dafür gibt.

Auszusprechen, was das Kind offenbar gerade fühlt oder plant, ist keine Hexerei. Oft reichen so kleine Sätze wie: »Ah, das magst du nicht?«, »Jetzt ärgerst du dich«, »Das interessiert dich ja sehr«, »Du willst das in die Schachtel geben?!« Es lässt das Kind sich selbst besser verstehen und zeigt ihm gleichzeitig, dass es verstanden wird.

Genau genommen sind solche Bezeichnungen natürlich nur Interpretationen. Wir drücken dem Kind gegenüber aus, was wir *annehmen*, dass es in ihm vorgeht. Das tut der Sache aber keinen Abbruch. Eltern wissen meist sehr genau, was ihr Kleinkind plant, fühlt oder will. Hat es sich auf diese Weise einmal das Vokabular seiner Innenwelt angeeignet, kann es später – wenn es selbst sprechen kann – sehr kompetent *selbst* darüber Auskunft geben. Im

Schulalter könnte es dann sogar präzisieren oder auch korrigieren. Auf ein: »Ah, das hat dich geärgert?«, könnte es zum Beispiel antworten: »Ja sehr!«, oder auch: »Nein, das hat mich gekränkt.« Wie gut, wenn man über sich selbst Bescheid weiß!

Interpretationen sind keine Fakten. Es sind Vermutungen und Annahmen. Schriftlich versehen wir solche mit einem Fragezeichen. Sprachlich drücken wir sie mit der Sprachmelodie der Frageform aus. Das leitet bereits zum nächsten Abschnitt über.

»Machst du mit?« – Über das Fragenstellen

Der Vater sitzt mit seinem kleinen Sohn im Wartezimmer und ist unschlüssig, was er jetzt in der Zwischenzeit mit ihm tun soll. **Thomas** ist dreizehn Monate und lässt sich nicht abstillen. Ohne Mutter geht also meist gar nichts. »Sie könnten ihn ja fragen, ob er inzwischen ein Bilderbuch anschauen will?«, schlage ich vor. Der Vater greift Thomas kurzerhand mit beiden Händen um die Mitte und hievt ihn zu sich auf den Schoß. »Komm, wir schauen uns jetzt ein Buch an«, sagt er. Nein, Thomas will derzeit offensichtlich kein Bilderbuch anschauen. Mit verzogenem Gesicht und durchgebogenem Rücken lässt er sich, mit einem grantigen Laut, nach hinten fallen.

Und nein. Das war auch gar nicht, was ich dem Vater vorgeschlagen hatte. Ich hatte sehr bewusst formuliert, Thomas zu *fragen,* ob er sich ein Buch anschauen möchte. Der Inhalt meines Vorschlages – ein Buch zu versuchen – hatte den Vater erreicht. Die zweite Botschaft – nämlich es in der grammatikalischen Frageform zu tun – war hingegen gänzlich untergegangen.

Das Phänomen, dass dieser Teil überhört wird, ist mir vertraut. Und um ehrlich zu sein, auch ich selbst habe die Bedeutung der Frageform erst durch viele wiederkehrende Erlebnisse mit meinen kleinen Patienten begriffen.

Tatsache ist, sogar kleine Kinder, die selbst noch nicht sprechen können, verstehen den Unterschied zwischen Befehlsform und Frageform. Wie sie das genau machen, weiß ich nicht. Ich habe lange darüber gerätselt und mich gefragt, worauf das wohl beruhen könnte. Möglicherweise liegt es an der unterschiedlichen Sprachmelodie. Zumindest im Deutschen wird bei der Befehlsform weniger moduliert als bei der Frageform. Der kurze Satz »Komm her!« klingt eben anders als die Frage »Kommst du her?«. In der Befehlsform bleibt die Tonhöhe ziemlich gleich. Bei der Frageform hingegen geht die Melodie von unten nach oben. Andererseits wird das vielleicht nicht in allen Sprachen so sein. Trotzdem bin ich inzwischen überzeugt, dass alle Kleinkinder in allen Kulturen und Sprachkreisen den Unterschied in jeweils *ihrer* Sprache erkennen können.

Aber warum ist das für kleine Kinder so wichtig?

Betrachtet man es genau, so teilen Frage- und Befehlsform die Welt eigentlich in zwei Teile. Hier, bei Ersterem, hast du etwas mitzubestimmen. Und hier – beim Zweiten – nicht. Es bedeutet »Das hier ist *dein* Bereich« und »Das hier ist es eben *nicht*«. Das sind klare Grundkoordinaten, mit denen ein Kleinkind schon etwas anfangen kann. Wenn man bedenkt, dass das Erlernen »eigene Entscheidungen zu fällen« für diese Altersgruppe sogar eine zentrale Entwicklungsaufgabe ist, dann ist so etwas sogar ein *sehr* wichtiger Hinweis.

Beginnend mit dem siebenten Lebensmonat wird dieses Thema zunehmend bedeutungsvoll. Möglicherweise spielen auch die Beobachtungen der Kinder, wie es denn die Eltern untereinander damit so halten, mit eine Rolle. Wird Papa von Mama gefragt: »Bist du fertig?«, »Magst du noch?«, »Kommst du mit?«, dann könnte darin, solchermaßen befragt zu werden, auch eines von Papas Geheimnissen über die Selbstständigkeit liegen – zumindest aus Sicht des Kindes.

Eines meiner ersten Erlebnisse zum Thema »Fragen stellen im Kleinkindalter« möchte ich hier an dieser Stelle erzählen.

Leah war ein achtzehnmonatiges Mädchen, die wegen diverser Probleme gemeinsam mit ihren Eltern auf unsere Station kam. Sie aß nur sehr zögerlich feste Kost, trank hauptsächlich aus der Flasche, wachte nachts zigmal auf, sprach noch nicht und war auch in ihrer motorischen Entwicklung etwas zurück. So konnte sie zum Beispiel noch nicht frei gehen. Sie konnte sich zwar alleine aufrichten und hochziehen, sie konnte auch selbstständig gehend einen Stuhl oder ihr Spielzeugauto vor sich herschieben. Aber – und das war das Eigenartige, kaum war sie an der Hand der Eltern, ließ sie sich auf die Knie fallen. An der Hand der Eltern rutschte sie ausschließlich auf Knien herum.

Auf der Station war das wirklich ein seltsamer Anblick, wenn Leah an der Hand ihrer Eltern und auf Knien rutschend die doch recht langen Wege dort, den Gang entlang und durch diverse Zimmer, zurücklegte.

Im Rahmen der bereits mehrere Wochen andauernden Therapie bei uns besserte sich ihr Essverhalten, sie machte auch Fortschritte in ihrem Schlafverhalten. Trotzdem – Leah blieb auf ihren Knien.

Eines Tages sprach mich der Vater erneut darauf an und erzählte, dass er am Tag davor wieder so ein typisches Erlebnis gehabt hätte. Leah wäre ihr Auto vor sich herschiebend wieder einmal alleine durch das Zimmer »gegangen«, der Vater hätte aber in die Küche hinausgemusst und so habe er Leah aufgefordert, mit ihm mitzugehen. Leah wäre in der Sekunde wieder auf die Knie gefallen. Sie wäre zwar bereitwillig mitgegangen. Aber eben – auf den Knien. Ob ich dazu irgendeine Erklärung hätte?

»Was haben Sie ihr denn genau gesagt?«, erkundigte ich mich. »Komm mit, Leah, wir gehen in die Küche.« Das wäre der genaue Wortlaut gewesen. »Es wäre interessant zu sehen, ob sie das auch so macht, wenn sie *gefragt* wird«, sagte ich. Er könnte das nächste Mal ja sagen: »Leah, ich gehe in die Küche. *Magst du mitkommen?*«

Am nächsten Tag fängt mich der Vater aufgeregt bereits am Gang ab. »Ich muss Ihnen etwas erzählen«, leitet er ein. »Ich habe das gestern wirklich ausprobiert.« Ich wusste zuerst gar nicht, wovon er sprach. »Was haben Sie ausprobiert?« »Ich habe Leah gefragt! Und wissen Sie was? Sie hat mir einfach die Hand gegeben und ist ganz normal mit mir mitgegangen. Verstehen Sie? Gegangen! Aufrecht. Nicht auf den Knien!«

Jetzt war natürlich ich an der Reihe, beeindruckt zu sein. Ich hatte zwar eine Art Verdacht gehabt, dass Leahs »auf Knien gehen« damit zu tun haben könnte. Aber mit so einem prompten Erfolg hatte selbst ich nicht gerechnet.

Inzwischen gehört der gute Tipp, das Kleinkind bei persönlichen Entscheidungen zu befragen, zum Standardprogramm. Das sieht im Stationsalltag dann so aus: Will Tommy auf ein »Komm, Tommy wir gehen jetzt« zum Beispiel partout nicht das Untersuchungszimmer verlassen, dann höre ich mich sagen »Vielleicht kommt er, wenn Sie ihn fragen?« Und ja, auf ein »Kommst du mit?« geht Tommy plötzlich bereitwillig mit. Lisa will auf ein »Hol den Ball!« nicht mehr weiterspielen. Auf ein »Holst du den Ball wieder?« aber sehr wohl.

Übersetzt man das Phänomen in die Erwachsenenwelt, ist es ja auch durchaus nachvollziehbar. Wir wollen auch gefragt werden – und zwar bei allem, was uns gehört oder uns betrifft.

Der Nachbar borgt sich ungefragt unseren Rasenmäher aus? Ja, den hätten wir ihm schon gegeben, aber so ganz ungefragt ist es doch einigermaßen ärgerlich. Die Frau bucht ungefragt den gemeinsamen Urlaub auf Capri? Ja, Capri ist zwar schön. Aber bitte *fragen* hätte sie schon können. Oft ist nicht der inhaltliche Teil einer Entscheidung das Problem, sondern die Form, wie sie zustande gekommen ist. Nicht die Entscheidung selbst macht uns ärgerlich, sondern dass wir übergangen wurden. Es löst Ärger bei uns aus, wenn unsere Rechte vom anderen nicht bestätigt werden.

Betrachtet man diese Form des Fragenstellens genauer, so ist es eigentlich eine typische Höflichkeitsform unter Erwachsenen. »Dürfte ich Ihren Kugelschreiber haben?« »Darf ich Ihren Mantel woanders hinhängen?« Solche Redewendungen bestätigen dem anderen, dass wir um seine Ansprüche wissen und sie respektieren wollen. Gefragt wird immer nur der, der für etwas zuständig ist.

Auch Jugendliche legen besonders großen Wert darauf, gefragt zu werden. Denn sie sind in einer ähnlichen Übergangsphase wie das Kleinkind. Ebenso wie diese sind auch sie auf klare Bestätigungen ihrer »Rechte« angewiesen. Unzählige Konfrontationen zwischen Eltern/Lehrern und Teenagern sind auf formale Befehlsform und Nicht-gefragt-worden-Sein zurückzuführen. Wird ihnen gegenüber die Befehlsform verwendet, können Pubertierende geradezu bockig reagieren.

Zwar können sich auch Erwachsene über so etwas ärgern, den Unterschied zwischen Inhalt und Form können sie aber meist ganz gut unterscheiden.

Kleinkinder können das natürlich nicht. Sie sind in einem Alter, in dem sie ihren neuen Rechten – zum Beispiel auf eigene kleine Entscheidungen – erst auf die Spur kommen wollen. *Was ist mein Bereich?* lautet ja eines der zentralen Rätsel dieses Alters, das es zu lösen gilt.

Damit das Prinzip funktioniert, wird das Kind selbstverständlich *nicht* gefragt, wenn es sich *nicht* um seinen Bereich handelt. Was der Vater heute anzieht, ob die Mama sich jetzt auf das Sofa setzt oder die Oma zu Besuch kommt, entscheiden selbstverständlich die Eltern. Die haben nämlich ganz genauso einen eigenen Bereich wie das Kind. Das ist für Kleinkinder absolut logisch und nachvollziehbar Jeder hat also *seinen* Bereich. (Wie man diese einzelnen individuellen Bereiche dann wiederum miteinander in Einklang bringt, steht – nicht nur in diesem Buch – in einem anderen Kapitel.)

Gleichzeitig ist diese Form des Fragens natürlich kein Trick, mit dem Eltern leichter ihren Willen durchsetzen können. Will das Kind *wirklich* nicht mehr Ball spielen, nützt natürlich auch die Frage nichts. Hier ist es ganz gleich wie bei uns Erwachsenen – wer genau weiß, dass er seinem Nachbarn den Rasenmäher nicht ausleihen will, antwortet auch auf freundlichste Anfrage mit: »Leider, nein!«

Dem Kind – was seine persönlichen Angelegenheiten betrifft – Fragen zu stellen, ist eines der wirksamsten Mittel, ihm dabei zu helfen, seine eigenen Grenzen abzustecken. Fast wirkt es wie ein Hinweisschild, auf dem steht: »*Das* ist dein Bereich!« Das ist in wundersamer Weise genau das, was große Babys brauchen und suchen.

Denken wir an Baby Carl zurück, so war der Türöffner zur Veränderung genau so eine Frage: »Willst du auch ein Stück Pizza?«, hatte der Onkel gefragt. Und bei Leila war es die Frage des Vaters gewesen: »Was ist denn auf dem Tisch so interessant?«

Erinnern wir uns hingegen an Thomas und seinen Vater vom Anfang dieses Kapitels, so hat dieser Vater *nicht* gefragt. Die Frage »Schauen wir uns ein Buch an?« ist nicht gefallen. Der Vater hat das ganz alleine entschieden. Hat sich Thomas deshalb so grantig abgewandt? Ging es vielleicht gar nicht um das Buch?

Genau besehen hatte der Vater aber noch eine *zweite* Frage nicht gestellt. Und diese wäre sogar noch wichtiger gewesen. Er hat Thomas nicht gefragt, ob dieser überhaupt bei ihm sitzen *will*. Er hat Thomas einfach wortlos zu sich auf den Schoß gehievt. Auch das hat der Vater ganz alleine entschieden.

Wenn gefragt werden heißt: »Das ist deines«, und *nicht* gefragt werden heißt »Das ist *nicht* deines«, so gibt es für Kleinkinder, ihren Körper betreffend, keine Diskussion. Gibt es die dennoch – so kann es Krieg geben. Speziell, wenn Papa das macht!

Wem gehört mein Körper?

Wenn es etwas gibt, was einem Kleinkind »gehört«, so ist das sein eigener Körper.

Kann man sich selbst bewegen, so will man auch selbst entscheiden, wohin. Kann man noch nicht sprechen, so gebraucht man seinen Körper außerdem noch, um sich auszudrücken. Wo und wie sich ein Kind positioniert, drückt auch seine derzeitigen Gefühle, Meinung, Haltung oder Grundstimmung aus.

Sehr viele Väter befragen ihre Kinder ganz intuitiv: »Magst du zu mir kommen?« »Gehen wir wickeln?« »Magst du auf den Sessel hinauf?« »Soll ich dich rübertragen?« »Magst du zu mir auf den Schoß?«

Spricht man Väter darauf an, sind sie oft selbst erstaunt. »Ach so, das ist also gut für mein Kind? Ich mache das eigentlich, ganz ohne darüber nachzudenken!« Hier sind wir wieder einmal auf eines der Geheimisse gestoßen, mit denen Väter verändern. Und wieder einmal hat es keiner gemerkt.

Mütter befragen ihre Babys auf diese Weise viel seltener und meist erst sehr viel später. Das ist auch ganz logisch und verständlich. In den ersten Monaten braucht das ein Baby nämlich auch noch gar nicht. Da reichen Ankündigungen. »So, wir gehen jetzt wickeln«, sagt Mama bestenfalls oder: »Wir gehen jetzt baden«,

»Komm zu mir.« Im ersten Halbjahr der »Zweiheit« entscheidet Mama für beide. Das ist auch ganz genau passend. Das kleine Baby könnte zu dieser Zeit auch noch gar keine Antwort geben.

Die Umstellung kommt langsam und manchmal ganz unkompliziert, unentdeckt und zweigleisig. Während Mama noch gar nicht viel verändert, gibt es bei Papa bereits die neuen Spielregeln. Das ist ein sehr eleganter Umstieg.

Bei Thomas' Vater ist das leider nicht so. Er handelt weiterhin nach mütterlichen Regeln. Wie Mütter im ersten Halbjahr entscheidet er weiterhin – für beide. Möglich, dass Thomas' Abstillprobleme und Erziehungsschwierigkeiten damit zu tun haben.

Gibt es bei Kleinkindern Probleme, so ist die Sache mit dem »Respekt vor dem Körper des Kindes« ein besonders wichtiges Thema.

Wenn es auf unserer säuglingspsychosomatischen Station also ein Dogma gibt – so ist es das: Kleinkinder werden gefragt, ob sie hochgehoben oder woanders hingebracht werden wollen. »Soll ich dich hochnehmen?« »Gehen wir umziehen?« Es werden keine Hände abgewischt, ohne zuvor zu fragen und keine Gesichter gesäubert ohne Erlaubnis. Das geht meist ganz kurz, so wie unter Erwachsenen vielleicht die Frage »Darf ich Ihren Stuhl verschieben?« Eine Zehntelsekunde sollte der andere die Möglichkeit bekommen zu sagen: »Nein – das will ich eigentlich nicht.« Sagt er es nicht, darf man den Stuhl auch verschieben.

Jeder Neuzuwachs im Stationsteam wird freundlich darauf hingewiesen. Hantieren am Körper des Kleinkindes bedarf dessen Einwilligung! Ja, das bedeutet gelegentlich eine ungewohnte Verzögerung im Alltag. Nämlich dann, wenn das Kind wirklich »Nein« signalisiert. Und ja, natürlich übertreiben wir.

Diese Fragen sind allen schon so in Fleisch und Blut übergegangen, dass wir sie oft bereits bei ganz kleinen Babys anwenden. Wirklich bedeutsam wird das Thema aber erst ab dem zweiten Lebenshalbjahr. Selbst Kinderärzte können bei der klinischen Untersuchung solche bestätigenden Fragen stellen. Zum Beispiel: »Wo magst du denn sitzen?« oder »In welches Ohr soll ich zuerst hineinschauen? Da oder da?«

Es gibt kaum eine wirkungsvollere Methode, ein Kleinkind bei seiner aktuellen Entwicklungsaufgabe zu unterstützen. Sein Körper gehört ihm. Dort hat es eigene Anrechte. Dort hat es etwas *mit*zuentscheiden. Auf eine gewisse Weise gehört es auch zu dem, was für das Stationsteam als *Vaterfunktion* dem Kind gegenüber bezeichnet wird. Es heißt, dem Kind helfen, sich als eigenständiges Wesen zu begreifen.

»Lass das!« – Befehlsform

Befehle sind geradezu das Gegenteil von Anfragen. Es ist also kein Wunder, dass es hierzu ein eigenes Kapitel gibt. In einem Alter, in dem Kinder lernen wollen, selbstständig zu handeln und zu entscheiden, sind Befehle mehr als nur unbeliebt. Sätze wie »Komm her!«, »Setz dich hin!«, »Hol den Ball!«, »Tu dies, tu jenes!« wirken wie die Fäden einer Marionette, welche die Bewegungen und Handlungen eines Kindes von außerhalb lenken. Eine Marionette zu sein, über die andere verfügen, ist aber geradezu das Gegenteil dessen, was Kleinkinder wollen. Genau das wollen sie nämlich *nicht* (mehr) sein. Befehle kollidieren gewissermaßen direkt mit den zentralen Entwicklungsbedürfnissen des Kindes. Dementsprechend sensibel reagieren sie darauf.

Dass kleine Kinder aber nicht nur auf direkte Befehle, sondern sogar schon auf die sehr freundlich eingesetzte *indirekte Befehlsform* reagieren können, habe ich von Esthi gelernt.

Esthi war zwölf Monate, als sie mit ihren Eltern auf unsere Station kam. Sie war ein kleines zartes Persönchen, das noch kein Wort sprach, aber schon gehen konnte. Sie hatte einen sehr schwierigen Start ins Leben gehabt und mit sieben Monaten begann sie ihren Eltern Schwierigkeiten beim Essen zu machen. Sie nahm nicht mehr zu und ließ sich partout nicht mit dem Löffel füttern. »Wie wär's, wenn Sie sie selbstständig essen lassen?« »Nein, das geht nicht«, sagte der Vater, »sie wirft dann einfach alles hinunter!«

Ja, so war das dann zunächst auch bei uns auf der Station. Sogar bei kleinen Häppchen, die ihr nur zwischendurch angeboten

wurden. »Esthi, willst du dir einen Mais-Chip aus dem Säckchen nehmen?« Esthi warf diese zuerst einmal auf den Boden.
Wie sie es tat, erinnerte ein wenig an die asiatische Tradition, vor dem eigenen Essen erst einmal den Göttern zu opfern. Esthi griff nämlich beherzt in das Säckchen, fasste eine Handvoll Chips, um sie zunächst einmal mit einer weit ausladenden Geste in die Luft zu werfen. Das für die Götter! Die Bescherung am Boden um sie herum würdigte sie danach allerdings keines Blickes. Bestenfalls war es dann erst der zweite oder dritte Griff in das Säckchen, der zum Ergebnis führte, dass sich Esthi von selbst etwas in den Mund schob.
Mit der Zeit besserte sich das. Trotzdem klagten die Eltern, dass sie weiterhin bei den regulären Mahlzeiten so unglaublich viel hinunterwerfen würde. Eines Tages und mittels eines Videos kamen wir dem Problem näher. Esthi warf vor allem etwas zu Boden, wenn die indirekte Befehlsform verwendet wurde. Was in dem Video »Papa isst mit Esthi« zu sehen war, ist ungefähr Folgendes:
Esthi, das kleine zarte Persönchen sitzt erwartungsvoll in ihrem Kindersitz an einem kleinen Tischchen. Er ist so hoch wie ein Sofatisch. Im Mund hat sie einen Schnuller und in der Hand einen Plastiklöffel, mit dem sie auf den Tisch klopft. Sie muss warten. Vater füllt im Hintergrund erst die beiden Teller. Das dauert etwas lange. Esthi macht Anstalten, hinunterzuklettern.
»Sitzen bleiben!« (!), ruft der Vater. Esthi lässt sofort den Löffel aus der Hand und auf den Boden fallen. »So, bitte schön« – Der Vater bringt jetzt ihren Teller und übergibt auch wieder den zu Boden gefallenen Löffel. Esthi stochert damit in ihrem Teller herum. »So, Papa, wird sich jetzt auch was nehmen.« Esthi stochert, Blick auf ihren Teller und Schnuller in ihrem Mund, weiter.
»Den Lutschi geben wir raus!« (!) Rums – prompt liegt der Teller unten. Esthi hat ihn gezielt und entschieden mit ausgestrecktem Arm, Löffel noch immer in den Teller gerichtet, mit einer raschen Bewegung von der Mitte des Tisches über den Tischrand kippen lassen. »Bumm«, sagt der Vater und beide betrachten sich die Bescherung auf dem Boden.

»So den Lutschi geben wir weg« (!), und nimmt ihn Esthi aus dem Mund. Sie hat jetzt kein Essen mehr vor sich, welches sie hinunterwerfen könnte. Aber der Vater stellt ja seines auf den kleinen Tisch. »Das ist dem Papa sein Essen«, erklärt der Vater. Das war jetzt kein Befehl, sondern eine Information. Esthi lehnt sich über den halben Tisch, um lammfromm hineinzusehen. Mit ihrem kleinen Kinderlöffel klopft sie auf Papas Teller. »Das ist Papas Teller«, sagt dieser. Er klaubt Esthis Teller und Essen vom Boden auf und stellt es wieder vor sie hin. Esthi, in der linken Hand noch immer ihren Plastiklöffel, greift mit ihrer Rechten sofort hinein. »Soll ich dir helfen?« Diese überaus höfliche Frage animiert Esthi sofort, sich selbst zu bedienen. Als der Vater beginnt, mit seiner Gabel zu essen, will Esthi jetzt auch eine Gabel. Leider klappt der Plan nicht ganz. All das Aufgespießte zerbröselt und fällt zurück auf den Teller.
»Nimm doch besser die Finger!« (!) Rums fliegt der Teller schon wieder. Wie das erste Mal mit dem Löffel hat Esthi diesmal eben mit der Gabel den Teller über den Tischrand gepfeffert. »Zu spät war der Papa.« Und wieder schauen sich Vater und Kind gemeinsam die Bescherung auf dem Boden an. Wieder steht der Vater auf, hebt wieder alles auf und stellt es wieder vor Esthi. Sie lässt ihre Gabel los und greift mit der Hand zu. »Genau!« Dann ändert der Vater aber plötzlich seine Meinung.
»Mach mit dem Löffel, das ist besser!« (!) Zur Sicherheit hält er Esthis Teller dabei fest. Rums – trotzdem – der Teller fliegt zum dritten Mal. Sogar gegen Papas körperlichen Widerstand schafft Esthi das mit ihrer Technik.
»Na, geh«, sagt der Vater vorwurfsvoll, »warum wirfst du denn jetzt alles hinunter?!«

Zum Glück reagieren nicht alle Kleinkinder so »allergisch« auf die Befehlsform wie Esthi. Bei Kindern, die in den ersten Monaten außergewöhnlichen Belastungen ausgesetzt waren – etwa Krankenhausaufenthalten, Trennungen von der Mutter oder Ähnlichem –, ist das aber nichts Außergewöhnliches. Ist man eine Zeit lang bei etwas zu kurz gekommen, braucht man zum Ausgleich vom Nächsten anscheinend etwas mehr.

Im Trotzalter will man sich im persönlichen Bereich eben keine Vorschriften mehr machen lassen. Viele Faxen und Unmanieren kleiner Kinder haben damit zu tun.

Die Empfehlung, mit der Befehlsform möglichst sparsam umzugehen, gilt für alle größeren Babys. Dabei gibt es auch noch einen Zusatzeffekt: Meiden Eltern die Befehlsform im Alltag, so ist diese in Notfällen und in echten Gefahrensituationen umso wirkungsvoller und hilfreicher. Man denke nur an so wichtige Befehle wie »Stehen bleiben!«, »Nicht hingreifen!« oder »Sofort aufhören!«.

Von kleinen Kindern kann man viel lernen. Das gilt auch für das nächste Kapitel.

»Was machen wir da?« –Konflikte regeln

Konflikte begleiten uns das ganze Leben. Es gibt sie am Arbeitsplatz oder mit dem Partner oder mit Freunden. Konflikte gibt es in der Politik und zwischen Nationen. Was dem einen als die Lösung erscheint, ist dem anderen genau das Problem. Sogar mit sich selbst und innerlich kann man Konflikte haben. Der eine Teil will dies, der andere Teil jenes.

Der Politikwissenschaftler Wolfgang Dietrich unterrichtet Friedensforschung in der Universität Innsbruck und meinte 2017 in einem Interview mit der österreichischen Tageszeitung *Kurier* (8.7.2017): »Grundsätzlich ist ja an Konflikten nichts auszusetzen. Konflikte sind ein wunderbar natürliches Phänomen im menschlichen Zusammenleben. Sie können uns in unseren Beziehungen und in unserem Leben entscheidend weiterbringen.«

So ist das auch in der Kleinkindzeit.

Was ein Konflikt eigentlich ist und wie Teile seiner Lösung aussehen könnten, kann man sich bei kleinen Kindern geradezu abschauen.

Konflikte und was damit zusammenhängt, interessiert kleine Kinder nämlich brennend. Konflikte entstehen ja aus Unterschiedlichkeiten. Und genau um diese geht es kleinen Kindern. Wird man ein Ich, so muss man sich von den anderen Ichs ja zwangsläufig irgendwie unterscheiden. Was also genau sind die Unterschiede?

Wie unterschiedlich darf man überhaupt sein? Und wie gehört das alles auch wieder zusammen?

Das Grundmuster vieler Konflikte lautet: »Ich sehe das anders als du!«

Simon ist zweieinhalb und will sich partout nicht die Winterjacke anziehen lassen. »Simon! Du *musst* die Jacke anziehen, draußen ist es kalt!« Nein. Simon will trotzdem nicht. Er wehrt sich ärgerlich und läuft dem Vater und dieser dummen Jacke immer wieder davon.
Interessanterweise haben beide irgendwie recht. Der Vater blickt in die Zukunft und weiß, wie die Temperatur draußen sein wird. Er kennt die Folgen.
Simon lebt in der Gegenwart und die ist im Vorzimmer warm beheizt. Wenn einem warm genug ist, sich auch noch eine Jacke anzuziehen, ist nicht nur unpassend, sondern richtig unangenehm.

Natürlich gibt es noch viele andere Gründe, warum man sich im Kleinkindalter keine Jacke anziehen will. Aber das Erste, was sich hier empfiehlt, ist einmal Folgendes: dezidiert die Meinung des Kindes zur Kenntnis zu nehmen. Damit alleine kann sich schon viel ändern.

»Du willst dir die Jacke nicht anziehen?« Genau. Simon weiß gar nicht, ob er dazu nicken oder den Kopf schütteln soll. Er macht beides.
Dann braucht es eventuell noch eine Information.
»Draußen ist es aber kalt!« Simon schweigt.
Und zum Schluss noch eine unwiderstehliche Frage des Vaters.
»Was machen wir da?«
»Schauen«, sagt Simon nach einer Denkpause.
»Du willst schauen, ob es draußen wirklich kalt ist?« Simon nickt jetzt.

Vorteil unserer Station ist, dass man direkt ins Freie hinauskann. Kinder wie Simon können da leicht »nachschauen« gehen und sich selbst von der Wetterlage überzeugen.

Aber selbst das ist keine Garantie, dass sich solche Konflikte in reines Wohlgefallen auflösen. Teil einer Lösung ist das Vorgehen aber auf jeden Fall.

Einen eigenen Standpunkt, eine eigene Meinung zu haben, ist für kleine Kinder eine große und auch neue Errungenschaft. So etwas gehört ausreichend gewürdigt und zur Kenntnis genommen. Es ist ihr Ausgangspunkt. Kommt eine Information dazu, so ergibt sich daraus vielleicht sogar ein ganzer Weg.

Einen passenden Weg zu finden funktioniert fast so, wie das auch Touristen in fremden Großstädten machen. Sie gehen zu Infozentren zu den großen Tafeln, auf denen die Sehenswürdigkeiten und Straßen eingezeichnet sind. Darauf kann man dann sein Ziel suchen. Um dort aber auch wirklich hinzukommen, braucht es das Allerwichtigste: *den Ausgangspunkt*. Meist ist er rot umrandet und mit einem dicken Pfeil versehen. Es bedeutet: *Hier sind Sie jetzt.*

Erst zwei Punkte ergeben einen Weg. Nach diesem Zweipunkteprinzip kann man Konflikte zunächst einmal angehen. Man kann Konflikte damit für das Kind geradezu wie im Theater auf die Bühne stellen. Bei Konflikten gibt es ja typischerweise Unterschiede. Und genau die sind für kleine Kinder so interessant.

»Dir macht es Spaß, den Papierkorb dauernd umzukippen? Ich finde das nicht so lustig!«

»Du willst Papas Telefon haben? Das will ich dir aber nicht geben.«

»Du willst weiterspielen? Aber ich bin schon müde.«

Ähnlich spielen sich natürlich auch etwaige Diskussionen über Hand abwischen und Gesicht säubern ab.

Aber selbst wenn Hände letztendlich abgewischt, der Papierkorb und das Telefon doch weggenommen werden und Papa das Spiel beendet, so hat sich die kurze Verzögerung doch auch gelohnt: Das Kind hat sich davon trotzdem etwas mitgenommen. Es hat dabei auch etwas bekommen. Die Eltern haben nämlich bestätigt, dass es schon eine eigene Meinung hat. Immerhin haben die Eltern es sogar für Wert befunden, diese in Worte zu fassen. Das kleine Kind erlebt, wie sich das mit den unterschiedlichen Bereichen und den verschiedenen Ichs untereinander so klären lässt.

Deshalb ist es auch so wichtig, zuerst den Part des Kindes auszusprechen – was das Kind will oder meint (eigentlich spiegelndes Sprechen) und erst danach die eigene Position oder Information mitzuliefern.

Genau umgekehrt läuft es, wenn als Allererstes der Lösungsweg vorgegeben wird. So wie das zuerst bei Simon der Fall war: »Du musst die Jacke anziehen!« Erstens ist das ein Befehl, zweitens wurde Simons großartige Errungenschaft der eigenen Meinung überhaupt nicht zur Kenntnis genommen. Von zwei sich gegenüberstehenden Ichs ist keine Spur – und die warme Jacke bekommt man auch noch angezogen. Man könnte sagen, für Simon ist das ein ziemlich schlechtes Geschäft.

Während bei jüngeren Kleinkindern das Zweipunktesystem meist völlig ausreicht, hat der zweieinhalbjährige Simon noch etwas anderes, Drittes gebraucht. Es war die unwiderstehliche Zusatzfrage: »Was machen wir da?«

Während Eltern Lösungen wissen, Lösungen suchen, sich gelegentlich sogar selbst den Kopf zermartern, gibt es ein geniales Alternativprogramm: Kleinkinder wollen *selbst* Lösungen finden.

Zumindest wollen sie es probieren und sind auf jeden Fall mit Feuereifer bei der Sache.

Wissen Eltern nicht weiter, so gibt es niemanden, der so engagiert mitdenkt wie Kinder im zweiten und dritten Lebensjahr. Sogar der einjährige Daniel, dessen Vater sich fast im Klinikgelände mit ihm verlaufen hatte, war auf die unwiderstehliche Frage »So, wie gehen wir jetzt?« zur Höchstform aufgelaufen und hatte dabei sogar sein erstes richtungweisendes Wort gesprochen: »Da!«

Stellt man die Wunderfrage, kann es gelegentlich echte Überraschungen geben. Das gilt sogar für den klassischen Kampf um das »Schauferl«. Im folgenden Fall ging es allerdings nicht um ein »Schauferl«, sondern genauer gesagt um ein Auto. Anna, eineinhalb, wollte ihr Tretauto nicht hergeben, und Julian, etwas jünger, wollte ausschließlich und genau dieses eine haben. Das ist natürlich ein Problem. »Ich verstehe. Das ist *dein* Auto. Das willst du nicht hergeben«, sagte ich zu Anna und nickte. Genau, signalisierte Anna und hielt das Auto fest. »Julian hätte es auch gerne. Er hat gar kein Auto. – *Was machen wir da?*« Ja, was macht man da? Während ich solchermaßen laut nachdachte und vor mich hin sinnierte, fällte Anna einen unerwarteten Entschluss. So ungerecht, wie er mir schien, hätte ich ihn mir selbst niemals einfallen lassen. Sie schob Julian einfach das Auto entgegen. Er bekam das Auto. Sie hatte im Austausch dafür – die gefundene Lösung.

Das ist für solche Fälle natürlich keineswegs ein Patentrezept. Viele Kinder lässt die Frage »Was machen wir da?« auch völlig ungerührt. Manche fällen zwar eine ebensolche Entscheidung, ziehen sie aber in der nächsten Sekunde gleich wieder zurück.

Was das Vorgehen aber erleichtert, ist zumindest *anschließend* eine Erwachsenenlösung zu finden. Immerhin denken kleine Kinder bei solchen Fragen aufrichtig mit. Sie finden dann selbst, dass das wirklich eine kniffelige Frage zu sein scheint. Noch dazu, wenn sogar ein Erwachsener nicht gleich weiß, was man da tun soll.

Warum das Finden einer eigenen Lösung gelegentlich sogar so viel wert sein kann wie ein Tretauto, hat mit dem Thema des nächsten Abschnittes – nämlich über sinnvolle Zusammenhänge – zu tun.

9. Sinnvolle Zusammenhänge

Gäbe es nur eine einzige Zusammenfassung, um die kindliche Entwicklung zu beschreiben, so wäre es diese: Es gilt, sinnvolle Zusammenhänge herzustellen.

Für Babys beginnt die Welt wie ein riesengroßes Puzzle mit lauter Einzelteilen. Diese gilt es, Schritt für Schritt, zu einem sinnvollen Ganzen zusammenzufügen. Bereits die im vorigen Kapitel beschriebene Form des Sprechens mit kleinen Kindern steht letztendlich ebenso im Dienste dieser großen Aufgabe.

Das Zusammenfügen entspricht auch ganz den Prozessen im kindlichen Gehirn. Es wächst und entwickelt sich vor allem durch *Vernetzungen.* Täglich wird da an Verbindungswegen gebaut. Miteinander verbunden wird alles, was es so gibt. Gefühlszentren werden mit Sinneswahrnehmungen vernetzt, diese wiederum untereinander und das alles gemeinsam wiederum mit der Motorik und mit den jeweils eigentlichen Schaltzentralen. Diese sollen ja später einmal alles koordinieren können.

Dass es schon einem Baby um sinnvolle Zusammenhänge gehen könnte, erschließt sich für Erwachsene nicht gleich. Vieles, was Babys und Kleinkinder so täglich machen, ergibt für Erwachsene oft sogar sehr wenig Sinn. Man denke nur daran, wie sie etwas ablutschen, aus- und einräumen, schütteln und auch noch die unzähligen Wiederholungen davon. Hat man den Eindruck, das Baby braucht Beschäftigung, drückt man ihm eben etwas zum »Spielen« in die Hand.

Manche Erwachsene mag es erstaunen zu erfahren, dass sich kleine Kinder bei solchen vordergründig »sinnlosen« Handlungen soeben mit Dreidimensionalität auseinandersetzen oder so ernsthaften Tätigkeiten wie Kategorisieren, Strukturieren oder Hierarchisieren nachgehen können.

Eine der Grundstrategien, um die Welt verstehen zu lernen, ist es, immer wieder unterschiedliche Gruppen zusammenzustellen. Je nach Altersklasse kann man alles stets von neuem unter verschiedenen Gesichtspunkten und Überbegriffen betrachten und zusammenfassen.

Das kann man sich vorstellen wie die Beschäftigung mit Bauklötzchen. Man kann diese auf verschiedenste Weise einsetzen und im Laufe der Zeit immer wieder in einen neuen Zusammenhang bringen. So kann man zunächst im Mund deren Form überprüfen. Wird man ein wenig älter, kann man sie aber ebenso nach Farbe oder nach Größe ordnen. Man kann damit etwas gänzlich Neues erschaffen und zusammenbauen. Man kann sie dem Bruder wegnehmen und ihn damit zum Weinen bringen. Man kann sie werfen, jemanden damit ärgern oder versuchen herauszufinden, inwiefern sie sich klanglich unterscheiden. Man kann auch so machen, als wäre so ein Klötzchen ein Telefon.

Das Grundprinzip des Zusammenfügens ist überall hilfreich. Man kann es auf fast alles anwenden. Dazu gehören Dinge und Abläufe ebenso wie alles, was Menschen betrifft. Sogar bei eigenen Handlungen wird das Prinzip eingesetzt. Stochert ein Baby mit zwei Löffelchen gleichzeitig auf seinem Teller herum, so hat das doch schon – zumindest teilweise – Ähnlichkeit mit dem, was Papa gerade mit Messer und Gabel macht.

Babys und Kleinkinder freuen sich über jeden Teil, der zueinanderpasst.

Mit Spielzeug spielen

Mit Babys zu spielen, macht Eltern zwar Spaß, speziell was Babyspielzeug betrifft, kann es aber auch schnell langweilig werden. Es bietet Erwachsenen nur mäßig geistige Herausforderung. Auf der Suche nach Unterhaltung und Variation tauschen Erwachsene deshalb vor allem das Spielzeug aus. Beachtet man Babys Freude am Zusammenhang, kann es aber auch für Eltern anspruchsvoller werden. Nämlich dann, wenn man versucht, den Bedarf des Babys nach Vernetzungen und Querverbindungen mit einzubauen.

Die Universalfrage dazu lautet dann: Was passt denn hier irgendwie dazu? Der Fantasie Erwachsener sind keine Grenzen gesetzt. Alles, was irgendwie zusammenpasst – passt.

Man könnte dazu die entsprechenden Worte hinzufügen. Oder ähnliche Geräusche wie das Baby dazu machen. Man könnte aber auch nur dessen Rhythmus und Takt aufgreifen. Das wird dann so etwas wie gemeinsames Musizieren. Was fällt einem zu dem Spielzeug noch so ein? Hat das Ding einen Geruch? Gibt es eventuell noch etwas ganz anderes und Ausgefallenes, was man damit machen könnte? Etwas zu finden, was eben auf irgendeiner Weise dazu passt, macht auch Erwachsenen Spaß.

Um für den Erwachsenen den Schwierigkeitsgrad zu steigern, dauert so eine Spielrunde eventuell, bis die Aufmerksamkeit des Babys erlahmt oder es sich nach einem anderen Spielzeug umsieht.

Sieht man einer solchen kleinen Spielszene zwischen Vater (Mutter) und Baby zu, so erinnert es fast an das Prinzip eines guten Gespräches. Jeder erzählt dem anderen etwas. Jeder hört zu. Jeder kann dabei etwas lernen.

Zuerst »erzählt« das Baby was. Nämlich, was es mit dem bestimmten Ding so kann und tut. Von Bedeutung kann schon sein, welches Ding oder Spielzeug das Baby überhaupt ausgewählt hat. Denn schließlich ist das ja das »Gesprächsthema«, über das es sich unterhalten will. Danach kommt Papa (Mama) dran und »antwortet«. Es geht weiter um das gleiche Thema, aber irgendwas Neues sollte schon hinzukommen. So kann man beispielsweise einen Ball nicht nur rollen oder werfen, man könnte ihn auch auf dem Kopf balancieren, sich versuchen daraufzusetzen oder ein Gesicht daraufmalen. Wie bei jedem guten Dialog kommt dann wieder das Baby an die Reihe, um darauf zu antworten. Der Effekt solcher kleinen Spielszenen reicht oft weit über die Zeit hinaus, in der auch wirklich mit dem Kind gespielt wird. »Leider habe ich nicht so viel Zeit, mit ihm/ihr zu spielen«, sagen Väter manchmal und unterschätzen dabei ihre eigene nachhaltige Wirkung.

Als ich mich einmal mit einer Mutter kurz über den abwesenden Vater unterhielt, verblüffte mich die daneben krabbelnde, elfmonatige kleine Tochter Jara. Sehr konzentriert und mit Blick zu mir versuchte sie sich plötzlich ihr Bilderbuch auf den Kopf zu legen.

»Jara, was machst du denn da?«, fragte ich verwundert. Die Mutter lachte: »Das hat sie gestern mit Papa gespielt!«

Jara hatte sich das mit dem Vater Erlebte nicht nur gemerkt. Sie hat es ganz aus sich selbst heraus, sogar in einen überaus sinnvollen und neuen Zusammenhang setzen können. Wird gerade über ihren Papa gesprochen, so hatte sie zu diesem bedeutsamen Thema offenbar auch etwas mitzuteilen. Obwohl sie noch gar nicht sprechen konnte, war es ihr möglich, trotzdem etwas Wichtiges über sich und ihren Papa zu erzählen.

Handlungspläne

Kleine Kinder haben viel zu lernen. Das eine ist, die Welt da draußen kennenzulernen, das andere ist, die Kontrolle über das eigene Tun zu erlangen. Soll das eigene Fühlen, Denken und Handeln sinnvoll zusammengefügt werden, so gibt es keine wertvolleren Einheiten als Handlungspläne.

Elli war noch nicht einmal sechs Monate. Sie konnte noch nicht frei sitzen, sich noch nicht selbst umdrehen und natürlich auch noch nicht robben. Auf dem Rücken liegend, hatte sie aber eine ausgefallene Form der Fortbewegung entdeckt. Mit den Füßen auf dem Boden scherend und strampelnd, schob sie sich im Zeitlupentempo rückwärts, wie ein kleiner Rückenschwimmer. Diese unerwartete Fähigkeit führte beim Stationsteam immer wieder zu Schrecksekunden. »Bitte! Wo ist Elli!?« Elli hatte nämlich ein erklärtes Ziel: Sie wollte unter das Bett. Und dort war sie dann verschwunden.

Was wir anfangs als reinen Zufall verstanden, hatte System. Wo immer am Boden man Elli auch platzierte, über kurz oder lang landete sie – unter dem Bett. Das war für sie nicht nur motorisch schwierig, sondern auch wegtechnisch. Ellis Schiebetechnik erlaubte nämlich keine direkte gerade Anlaufbahn. Sie musste halbkreisartige Wege einplanen und ihr Ziel im Rückwärtsmodus anpeilen. Unter dem Bett angelangt, stellte sie ihr Fortkommen dann immer sofort ein – und lächelte. Angekommen! Sie schien die abgedunkelte Atmosphäre dort zu genießen. Gut möglich, dass die interessanten Reaktionen der Erwachsenen für sie zusätzlich motivierend waren. Wer sieht schon Krankenschwestern und Ärztinnen so regelmäßig auf allen vieren unter das Bett kriechen?

Elli hatte also einen Plan und hat ihn handelnd ausgeführt. Das nennt man einen Handlungsplan. Genau genommen war es ein Bewegungsplan. Möglich wurde dieser eher zufällig. Auf unserer Station liegen Babys immer wieder schon sehr früh auf Matten auf dem Boden. Sie haben dort einen größeren Überblick, genügend Bewegungsraum und können von dort auch nicht herunterfallen.

Anhand Ellis kleiner Geschichte wird klar, dass Erwachsene auf solche Handlungspläne großen Einfluss haben. Wäre Elli nicht regelmäßig auf dem Boden platziert gewesen, sondern auf dem Elternbett, so wäre das Ganze gar nicht möglich gewesen. Versunken im weichen Untergrund können sich Babys nur erschwert fortbewegen. Schaffen sie es irgendwann doch, so muss man ihre Pläne immer wieder durchkreuzen. Achtung, da ist ein Abgrund! Im Gitterbett wiederum hätte sie weder ihr Erfolgserlebnis gehabt noch hätte sie so eindrucksvoll zeigen können, was sie schon alles kann.

Wir können Handlungspläne vorausschauend einplanen und ermöglichen oder sie einschränken und sogar unterbinden. In Sicherheitsfragen ist das »in Betracht ziehen« möglicher Handlungspläne des Kleinkindes sogar ganz selbstverständlicher Teil des vorausschauenden Elternverhaltens. Speziell Mütter haben ein feines Sensorium für Gefahren. Da werden scharfe Messer außer Reichweite gelegt, Medikamente und Waschmittel eine Ebene höher eingeräumt, Kindersicherungen eingebaut. Das Hauptaugenmerk ist auf das Verhindern von Unglück gerichtet.

Es gibt aber auch noch eine andere Sichtweise im Zusammenhang mit Handlungsplänen: nämlich deren bewusstes Ermöglichen und damit gleichzeitig das bewusste Ermöglichen von Glücksgefühl und Erfolg.

Eigenständige Handlungspläne erfolgreich umzusetzen, ist – wenn man nicht gerade von anderen Bedürfnissen abgelenkt wird – das A und O der frühen Kindheit. Dabei geht es nicht nur um den

Erfolg im Sinne des Erreichens eines Zieles. Der Plan selbst, ganz alleine für sich genommen, ist schon wertvoll.

Betrachtet man zum Beispiel die Handhabung eines Löffels, so besteht diese letztendlich aus lauter kleinen Einzelteilen. Die Hand auszustrecken, den gefüllten Löffel vor der Nase zu übernehmen und geradewegs weiter in den Mund zu führen, kann zum Beispiel das Erste sein, womit ein Baby beginnt. Ein nächster Schritt kann sein zu lernen, den gefüllten Löffel über eine längere Strecke zu führen und dabei nicht zu kippen. Gar nicht so leicht! Den Löffel schließlich selbst zu befüllen, hängt wiederum von der gelöffelten Konsistenz ab. Während ein dicker Brei auf dem Löffel haften bleibt, egal wie man diesen eintaucht, so ist das überaschenderweise bei einer dünnen Suppe anders. Was dem Kind jeweils wirklich gelingt, mag sich unterscheiden, der Plan dahinter ist immer der gleiche. Es will lernen selbst zu essen.

Das Ermöglichen von Handlungsplänen hat viel mit Infrastruktur zu tun. Hat das Baby überhaupt Gelegenheit, seine laufend zunehmenden Fähigkeiten anzuwenden? Die Entwicklungsfortschritte der frühen Babyzeit vollziehen sich oft in einem atemberaubenden Tempo. Jeden Tag wird ein Baby ein wenig gescheiter. Man kann sagen: Kleine Babys haben kleine Handlungspläne, größere Babys und Kleinkinder haben zunehmend komplexere Handlungspläne. Als nächster Schritt werden daraus sogar ganze Lösungswege. Dazu gehören dann auch so spannende Sachen, wie eine Lösung zu finden, wenn Papa den Weg nicht weiß. Oder sogar ein Tretauto dagegen einzutauschen.

Reicht es im ersten Monat, eine Spielkette nur zum Betrachten über das Bettchen zu spannen, so kann das wenige Wochen später bereits anders sein und kurz danach schon wieder anders. Geht es anfangs vor allem um Sehen und Fokussieren, so kommt bald das Greifen hinzu. Kann man die Kette jetzt auch befühlen? Gibt es Gelegenheit, diese ganz selbstständig in Bewegung zu versetzen? Kann man sie selbstständig zum Klingen bringen? Ist so ein schönes Ding zu weit entfernt angebracht und nicht in Reichweite, wird das nämlich nicht gehen.

Das Gleiche gilt als Nächstes, wenn circa in Ellis Alter mit sechs Monaten die Zeit des »Alles in den Mund stecken« beginnt. Besteht jetzt die Möglichkeit, die Kette selbst zum Mund zu führen? Das alles gilt natürlich ebenso für Spielbögen, Spielzeugtrapez und jedes andere Spielzeug oder Ding.

In der Zeit des oralen Erkundens begreifen Babys die Welt vor allem über den Mundbereich. So wie wir Erwachsenen mit unseren Fingerspitzen Dinge befühlen, so beschaffen sich Babys Informationen mithilfe ihres Mundes – zum Beispiel über Oberfläche, Struktur, Temperatur, Form und sogar Dreidimensionalität von Dingen.

Das ist auch der Grund, warum sie zum Leidwesen von Eltern zu Beginn der Beikost, befüllte Löffel regelmäßig umdrehen und deren leere Rückseite abschlecken. Aus dem gleichen Grund ziehen sie solche wissenschaftlichen Forschungsprogramme auch mit Tellern oder etwa Mobiltelefonen durch.

Auch bei größeren Babys gilt weiterhin die gleiche Devise: Wozu das Kind prinzipiell fähig wäre, soll es auch wirklich anwenden *können*. Diesbezüglich ein Auge auf Alltäglichkeiten zu haben, ist wichtiger, als man denkt.

Passen äußere Gegebenheiten und Fähigkeiten des Kindes zusammen? Das betrifft besonders Ess- als auch Schlafplatz. Könnte das Kind bereits selbstständig auf einen Stufenplatz klettern? Dann sollte es nicht weiterhin davon abhängig sein, dass es immer jemanden braucht, der es in den Hochsitz hinein- und auch wieder heraushebt. Ähnliches gilt für das Gitterbett. Bei diesen gibt es häufig die Möglichkeit, Stäbe herauszunehmen. Das hat für das Kind den so erfreulichen Effekt, dass es dort nicht mehr »eingesperrt« werden kann. Es kann dann sowohl selbstständig hinein- als auch herausklettern.

Ich erinnere mich, dass wir deshalb einmal auf der Station einem Kleinkind mit Schlafproblemen sogar einen extra Weg aus Schaumstoffwürfeln zu seinem hohen Klinikgitterbett bauten. Das hatte damals einen durchschlagenden Erfolg.

Warum eigenes Handeln sogar schon von Babyzeit an so eine große Bedeutung hat, liegt an einem wichtigen Motor. Das ist die Freude an der Selbstwirksamkeit.

Selbstwirksamkeit

Selbstwirksamkeit bedeutet, dass man etwas eben *selbst* bewirken kann. Das gilt für Babys ebenso wie für Erwachsene. Ganz allgemein versteht die kognitive Psychologie unter »Selbstwirksamkeit« die Überzeugung einer Person, auch schwierige Situationen und Herausforderungen *aus eigener Kraft* erfolgreich bewältigen zu können. Es hat direkt mit Selbstvertrauen zu tun. Wie wunderbar, seinem Kind so etwas ins Leben mitgeben zu können. Für das spätere Leben bedeutet es einen wahren Schatz.

Für ein ganz kleines Baby ist das Prinzip der Selbstwirksamkeit so etwas wie eine große Entdeckung. Zu den ersten Erfahrungen kann schon gehören, wenn man eben selbst die Spielkette über seinem Bettchen zum Schwingen bringen kann. Besonders toll ist es auch, dass man in Papas oder Mamas Gesicht ein Lächeln anknipsen kann – und zwar, indem man sie selbst anlächelt.

Das Prinzip Selbstwirksamkeit löst fast so etwas wie einen Quantensprung aus. Hat man auf etwas Zugriff, kann man etwas selbst auslösen, so eröffnet sich gleichsam ein neuer Kosmos. Denn kann man etwas wiederholen, so kann man damit experimentieren und das immer weiter ausbauen. Sogar den Zeitpunkt dafür kann man dann selbst bestimmen. Hurra!

Als Erwachsener kann man sich das vielleicht vorstellen wie eine unerwartete neue Technik in einem Haus. Man lehnt sich zufällig an die Wand – und plötzlich geht das Licht an. Interessant. War das jetzt Zufall? Oder steckt System dahinter? Könnte man das absichtlich auch wiederholen? Und wenn ja, so stellen sich gleich die nächsten Fragen: Ist das nur bei dieser einen Wand so? Funktioniert das etwa auch im Badezimmer? Könnte man damit ebenso das Gegenteil, nämlich *ab*schalten oder sogar anderes bewerkstelligen?

Der Beginn dieser ganzen Kette hat mit einem einzigen Zusammenhang begonnen. Man hat selbst etwas getan – und plötzlich gab es einen Effekt.

Für Babys ist das Prinzip der Selbstwirksamkeit fast so etwas wie ein unsichtbares Spielzeug.

Experimentieren ein wenig größere Babys, zum Beispiel Krabbelkinder damit, so führt dies zu einem – zumindest bei ihnen – höchst beliebten Unterhaltungsspiel. Es heißt: »Ich werfe etwas aus dem Gitterbett und will es dann zurück.« Ob Schnuller, Flasche oder Spielzeug ist egal, denn man kann es mit allem Möglichen spielen. Meist folgt es einer geheimen Regie. Eltern finden dieses Spiel meist keineswegs so toll wie ihr Nachwuchs. »Hast du schon wieder deinen Schnuller verloren?«, kann das erste Bücken begleiten. »Warum wirfst du ihn hinaus, wenn du ihn dann wieder willst?«, begleitet das eventuell zweite und dritte Mal zu Boden gehen. Irgendwann dann: »Ich glaube, du willst mich ärgern!?«, und schließlich das Finale: »Nein, das hebe ich dir jetzt nicht mehr auf!« Es gibt ein böses Gesicht.

Natürlich hat da jede Familie ihre höchstpersönliche Variante. Dahinter steht aber nicht der Schnuller selbst, den man zurückhaben will. Denn man kann das Spiel, wie gesagt, mit allem Möglichen spielen. Das Ziel ist auch nicht, jemanden zu ärgern. Der besondere Spaß an der Sache ist, etwas ganz bewusst in Gang zu setzen, etwas auszulösen und genau zu wissen, was dann passieren wird. Man kann das Ganze sozusagen kontrollieren. Ein bisschen ist es wie ein Video, das man kennt. Man drückt die Taste, und ab geht alles so, wie man es kennt und erwartet hat. Gibt es gelegentlich weitere Variationen – umso besser.

Ähnlich und ebenso unbeliebt bei Eltern sind Licht-an-Licht-aus-Spiele oder Wasserhahn auf und zu. Alle beginnen mit einer einzigen Handlung des Kindes selbst. Was es dabei erlebt, ist eben – Selbstwirksamkeit.

Auch im Zusammenhang mit dem Thema »Beachten« spielt Selbstwirksamkeit eine Rolle. Man denke nur zurück an das Beispiel mit Hannes und Leo und das gebadete Würstchen. Genau betrachtet hat Hannes seine Mutter nämlich gezielt und höchst *selbstwirksam* in Rage versetzt. Er hat sozusagen eigenständig die »Zorn-Taste« eingeschaltet.

Er wusste genau, was dann folgen würde. Zwar wurde mit ihm geschimpft – trotzdem hat er dabei auch etwas für sich Angenehmes erlebt – nämlich Selbstwirksamkeit.

Für ein Kind hat das Grundprinzip Selbstwirksamkeit, auch ganz alleine für sich selbst stehend, einen Wert. Es wird als lustvoll erlebt. Weiß man das, können auch Erwachsene die für sie so schwer zu verstehende Reihenfolge auf der »Skala der Beachtung« nachvollziehen. Am beliebtesten und an erster Stelle stehen natürlich *Selbstwirksamkeit* ***und*** *positive Beachtung,* wie Lob und Freude. An zweiter Stelle *Selbstwirksamkeit und negative Beachtung,* wie Zorn und Tadel. An letzter und unbeliebtester Stelle stehen ***keine*** *Selbstwirksamkeit und* ***keine*** *Beachtung.* Man wird übersehen und hat auch keine Kontrolle.

Gelegenheiten, Selbstwirksamkeit zu erleben, gibt es schon von ganz früh an. Alles, was das Kind – und eben auch schon das Baby, *selbst* schaffen könnte, ist dazu geeignet. Das Baby liebt das Geräusch der Rassel? Man könnte diese so halten, dass es *selbst* den Klang auslösen kann. Das Baby will ein Ding haben, das außer seiner Reichweite liegt? Man könnte das Kind hinaufheben, so dass es sich das Ding *selbst* ergreifen kann.

Viele Väter machen solche Handlungen ganz intuitiv. Als ein Vater einmal ganz vertieft in ein Gespräch mit mir, quasi ohne nachzudenken, seine siebenmonatige Tochter in die Höhe hob, um ihr zu ermöglichen, den vor ihr liegenden Stift *selbst* zu ergattern, war ich schwer begeistert und sagte ihm das auch. »Wieso? Ich glaube, ich mache das immer so!« Wunderbar. Und ich konnte ihm auch erklären, was so wunderbar daran war: Stift *und* Selbstwirksamkeit gemeinsam ist eben mehr wert als nur der Stift allein.

Man kann das Prinzip verwenden wie eine besondere Zutat, die man den verschiedensten Speisen zufügt. Der Effekt geht dabei weit über das offensichtliche Ziel hinaus.

Das gilt zum Beispiel ebenso für wilde Körperspiele mit Fliegen oder Werfen. Papa muss auch dabei nicht alles alleine entscheiden! Etwa den Zeitpunkt des nächsten Werfens: Hält er vielleicht kurz inne und wartet – so könnte das Baby ein Zeichen geben. Jetzt! Durch Quietschen oder Strampelzeichen, hat es soeben – höchst selbstwirksam – die nächste Runde in Gang gesetzt. Das ist dann quasi der doppelte Spaß!

Sogar bei Ängsten kann das Prinzip der Selbstwirksamkeit hilfreich sein. Kleinkinder, die – gar nicht so selten – plötzlich beginnen sich vor der Dusche, der Badewanne oder vor dem lauten Staubsauger zu fürchten, kann es helfen, Gelegenheit zu bekommen, das alles *selbst* in die Hand zu nehmen. Das heißt, den Staubsauger *selbst* an- und auszuschalten, den Duschkopf *selbst* zu halten und das Wasser – natürlich – auch *selbst* an- und aufzudrehen (vor allem dann, wenn sie zuvor niemand dazu aufgefordert hat).

Jede Altersklasse hat ihren eigenen Bedarf an Selbstwirksamkeit. Das gilt ebenso für die Erwachsenenwelt. So haben zum Beispiel viele Studien über »Zufriedenheit am Arbeitsplatz« ergeben, dass diese dann am höchsten ist, wenn man dort »mitgestalten und mitentscheiden« kann.

Was das Alter der Ein- bis Zweijährigen betrifft, so gilt das in dieser Entwicklungsphase in einem ganz besonderen Ausmaß. In diesem Alter wird das Prinzip Selbstwirksamkeit für einige Zeit direkt zu einem Hauptthema. War es bisher nur Zutat, so wird es jetzt zur Hauptspeise.

Nicht nur der Zusammenhang und der Effekt selbst sind dann für das Kind bedeutungsvoll. Was jetzt in den Mittelpunkt rückt, ist das Thema der *Urheberschaft*. Wer hatte welche Idee und wer hatte sie als *Erster*? Das kann für Eltern auch verwirrend sein.

Über Zeitpunkte und Reihenfolgen

Betrachtet man das Prinzip der Selbstwirksamkeit, so spielen Zeitpunkt und Reihenfolge eine geradezu zentrale Rolle. Auf eine, eventuell auch zufällige, Handlung hin (wir lehnen uns an die Wand) tritt ein Ereignis ein (geht das Licht an). Fällt beides zeitlich sehr nahe zusammen, so spekulieren auch wir Erwachsenen über mögliche Zusammenhänge. Ginge das Licht erst einige Minuten später an, wäre das schon wieder ganz anders. Da gäbe es, aus unserer Sicht, nämlich *keinen* zeitlichen Zusammenhang. Das, was uns auffällt, liegt also einerseits ganz knapp beisammen und hat doch eine Reihenfolge.

Die entscheidende Frage, um zu einer Erklärung zu kommen, lautet dann: Was war *zuerst*?

Will man Zusammenhänge herstellen, so hat das jeweils »Erste« eine geradezu magische Bedeutung. Zumindest gilt das für kleine Kinder so. Kann man sprachlich noch keine Fragen stellen und nur aus Beobachtungen seine Rückschlüsse ziehen, so ist das Beachten des »Ersten« ein unverzichtbares Werkzeug.

Dieses Werkzeug lässt sich vielfältig einsetzen. Man kann damit logische Zusammenhänge herstellen und begreifen. Man kann damit die Meinungen von Menschen ablesen. Und man kann es zur eigenen Autonomieentwicklung nutzen. Gezielt bei etwas der oder die »Erste« zu sein, hat dann mit eigenem Handeln und der Autorschaft eigener Ideen zu tun.

Das Prinzip der ersten Wahl

Zu beobachten, wer was als Erstes macht, ist für kleine Kinder eine wichtige Informationsquelle. An allererster Stelle stehen da natürlich die Eltern. *Was* Eltern so tun, ist das eine, in welcher *Reihenfolge* sie etwas tun, ist das andere. Da gibt es viel zu beobachten. Als Baby kann man daraus sehr viele Schlüsse ziehen.

Was machen Eltern zum Beispiel immer zuerst? Und vor allem: Machen es *beide* Eltern zuerst? Aus Babys Sicht ist dann etwas sozusagen doppelt abgesichert. Aus Sicht des Kindes ist das, was *beide* Eltern als *Allererstes* machen, genau das, was anscheinend richtig ist und wie es sich gehört.

Paul, nicht ganz ein Jahr alt, seine Mutter und ich sitzen gemeinsam auf dem Boden auf einer Matte. Wie immer habe ich meinen weißen Mantel an. In dessen linker Brusttasche stecken Kugelschreiber und Brille. Diese Dinge dort herauszufischen ist für Kleinkinder immer sehr interessant. Gelegentlich steckt in der Brusttasche auch meine Bankkarte, um in der Personalkantine zahlen zu können.

Während ich mich mit seiner Mutter unterhalte, macht auch Paul das, was Kleinkinder in solchen Situationen gerne machen. Das heißt, meinen Brusttascheninhalt als Ziel anzupeilen, sich an mir hochziehen und den Inhalt untersuchen, Kugelschreiber herausnehmen, anschauen und wieder hineinstecken.

Plötzlich aber hat Paul meine Bankkarte in der Hand. Was er dann macht verblüfft mich. Paul ändert auf der Stelle sein Programm. Schluss ist mit Herausnehmen und wieder Hineinstecken. Die Bankkarte triumphierend in der Hand, lässt er sich prompt auf seinen Hosenboden fallen, wendet sich ohne Zögern um und steuert krabbelnd das Nachtkästchen an. Dort zieht er sich ebenso zügig hoch und steckt die Bankkarte ohne auch nur den Anschein des Nachdenkens – in den Schlitz unter der Schublade.

»Halt!«, springe ich auf. »Das ist ja meine Bankkarte!« Gut, dass ich das gerade noch gesehen habe. Dort wäre meine Karte wohl für immer verschwunden gewesen.

Was an Pauls Aktion so verblüffend war, waren gleich mehrere Tatsachen. Er hatte die Karte sofort am Aussehen erkannt. Und er wusste sofort, was man damit macht. Sie wird in einen Schlitz gesteckt. Der Schlitz muss ihm auch schon vorher aufgefallen sein. Er steuerte diese Lösung völlig ohne Nachdenken oder auch nur Zögern an. Er hat nicht den Schlitz für die Bankomatkarte gesucht. Er wusste offenbar schon vorher, dass dort ein Schlitz ist. Niemand hatte ihm das beigebracht. Auch seine Mutter bestätigte im Gespräch danach, dass diese Karte nie ein Thema war. Paul hat nur aus Beobachtung gelernt.

Es war offensichtlich das, was seine Mutter und auch sein Vater ganz selbstverständlich und ebenfalls ohne Zögern machen. Mit Bankkarten gibt es ja nicht allzu viele Möglichkeiten. Wie der Name schon sagt, sind es Karten, die in den Bankautomaten gesteckt werden. Wir alle machen das, und zwar immer geradlinig als erste Wahl. Wir werfen die Karte nicht vorher in die Luft. Wir spucken auch nicht darauf (bestenfalls als zweite Wahl, wenn sie nicht funktioniert hat). Was Paul beobachtet hat, ist also nicht nur die *Tatsache*, dass wir diese Karte in einen Schlitz stecken. Er scheint auch genau mitbekommen zu haben, dass das für uns so selbstverständlich ist, dass sowohl Vater als auch Mutter (vielleicht sogar Fremde?) dies immer als allererste Wahl tun.

Die Geschichte von Paul illustriert auch ganz allgemein, wie kleine Kinder völlig selbstständig lernen. Man muss ihnen nichts »beibringen«. Sie lernen tagtäglich durch Beobachtung und Imitation. Es ist Teil ihres natürlichen Lernverhaltens. Auf ihrer Suche nach Sinn und Verknüpfung, finden sie ganz alleine und unentwegt zusammenpassende Puzzlesteine.

Was ihnen bei diesem Lernen hilft, ist, wenn wir das, was sie zusammenfügen können, erneut in einen größeren Zusammenhang setzen. Damit bekommt es gewissermaßen einen tieferen Sinn. Ob Paul zum Beispiel aus dem Nachtkästchen sogar Papier oder so etwas wie Geldscheine erwartet hat, ist bei der ganzen Aufregung natürlich untergegangen.

Bei seiner Aktion hat er auch schon wieder etwas dazugelernt. Nämlich, dass Erwachsene solche Bankkarten überaus wichtig nehmen und im Zusammenhang damit höchst aufgeregt reagieren können. Zumindest jene Erwachsenen, denen eine solche Karte weggenommen wurde.

Mama kann man damit sogar zeigen, wie selbstständig man schon Denken und Lernen kann. Das war übrigens das Allerbeste daran.

Das Prinzip der ersten Wahl, ist etwas, was Kinder sehr aufmerksam beobachten und wahrnehmen. Das macht durchaus Sinn. Was tun wir alle als Erstes? Es ist das Selbstverständliche, das Normale. Kommen wir nach Hause, sperren wir zuerst die Haustür mit dem Schlüssel auf. Wir gehen durch die Tür. Das ist auch das, was wir erwarten. Erst wenn wir den Schlüssel vergessen haben, klettern wir über den Balkon, durch das Fenster oder kommen durch den Keller. Es gibt immer auch andere Möglichkeiten. Aber diese sind eben nicht die erste Wahl. Es sind Notlösungen.

Was Babys ganz besonders beachten, ist natürlich, was die erste Wahl *ihnen* gegenüber ist. Was ist die erste Wahl im Verhalten der Eltern dem Baby gegenüber? Gemeint sind all die kleinen üblichen Situationen des Alltags wie Essen, Spielen, Schlafenlegen, Körperpflege, Trösten. Was machen *beide* Eltern in den verschiedenen Situationen immer ganz spontan als Allererstes?

Denn auch hier gilt Babys Regel und dessen kurze Schlussrechnung: Was *beide* Eltern gleich und gleichermaßen als Erstes setzen, gehört auch so. Es ist genau das, was richtig ist und wie es sein soll. Das ist die Meinung der Eltern. Das Kind kann davon ablesen, wie die Eltern es einschätzen und was sie letztendlich von ihm erwarten. Diese Erwartungshaltung der Eltern ist für kleine Kinder so etwas wie die Erdanziehungskraft. Mächtig, wirksam und unwiderstehlich.

Planen Eltern ganz bewusst eine Veränderung, wie zum Beispiel Abstillen oder das Einführen des Topfes, ist deshalb das bewusste Umstellen der ersten Wahl *beider* Eltern ein sinnvoller erster Schritt.

Ist das Baby noch klein und hungrig, so ist die erste Wahl meist, es zu stillen. Vater bringt es dann immer zu Mama. Mama legt es immer gleich an die Brust. Mit Beginn der Beikost kann man anfangen, tagsüber einfach die Reihenfolge zu ändern. Bei Papa gibt es als Erstes eventuell schnell etwas Essbares zur Hand. Das Baby muss nicht immer gleich zur Mama gebracht werden. Und auch bei Mama gibt es als Erstes ein anderes Speiseangebot, es muss nicht immer gleich die Brust sein. Zunächst geht es gar nicht darum, dass das Baby diese Angebote auch gleich annimmt. Viele Babys beharren trotzdem auf der Brust. Es geht auch vorerst gar nicht darum, *nicht* zu stillen. Stillen ist nur nicht mehr zwingend die erste und damit einzige Lösung. Dass die Eltern das offensichtlich so sehen, setzt auch beim Baby einen Prozess der Veränderung in Gang.

Ähnlich funktioniert das beim Thema Topf und Toilette. Viele, viele Monate ist es für das Kind klar und erste Wahl, dass es nach Entfernen der schmutzigen Windel eine neue, saubere umgewickelt bekommt. Das ist für beide Eltern so selbstverständlich, dass es gar nicht zur Debatte steht. Plötzlich, eines Tages gibt es für das Kind eine Überraschung. Es wird beim Wickeln zuerst *gefragt*. Zum Beispiel: »Willst du es heute einmal ohne Windel ausprobieren? Willst du den Topf versuchen?« Selbst wenn das Kind noch gar nicht versteht, was das genau bedeuten soll. Dass sich da gerade etwas ändert, ist ihm aber schnell klar. Die Eltern bringen einen direkt auf eine Idee …

Auswirkung kann die Entscheidung der Eltern darüber, was für sie erste Wahl ist und was zweite Wahl, in vielen Bereichen haben. So kann das auch bei Essproblemen sein.

»Auch wenn ich ihn selbst essen lasse, will er nicht!«, sagte ein Vater über seinen vierzehnmonatigen Sohn Micha, der so oft Nahrung verweigert. Er habe schon alles ausprobiert. Nach genauer Nachfrage, *wann* Micha denn selbst zum Löffel greifen dürfe, stellte sich Folgendes heraus: immer nur dann, wenn wiederholte Fütterversuche *davor* gescheitert waren. Micha selbst essen zu lassen, war eigentlich noch *niemals* die erste Wahl gewesen.

Für Micha hat diese Reihenfolge natürlich eine Bedeutung. Er kann daraus einiges herauslesen. Nämlich, was sein Vater über ihn denkt. Dass Micha bereits selbstständig essen könnte (oder es zumindest Zeit wäre, es zu erlernen), scheint für diesen weder erwünscht noch von Wert. Es scheint für ihn eher ungefähr so (wenig) selbstverständlich, wie über den Balkon in die eigene Wohnung zu klettern. Es ist nur eine Notlösung! Kleine Kinder können sich da schon ärgern. Micha geht es anscheinend nicht nur um den Löffel, sondern um eine Grundsatzdebatte. Ist er jetzt für Papa noch ein Baby oder schon »groß«?

Ob etwas erste Wahl ist oder nicht, macht für kleine Kinder einen großen Unterschied. Ändern Eltern oder auch nur der Vater alleine die Reihenfolge, kann sich auch beim Kind so manches ändern.

Eigene Ideen hat man als Erster

Auch bei eigenen Handlungen und Entscheidungen der Kinder, kann die Reihenfolge eine überaus gewichtige Rolle spielen. Im blühenden Trotzalter kann sie geradezu eine magische Bedeutung bekommen.

»Gerade wolltest du noch den Kuli haben und jetzt plötzlich nicht mehr? Was soll das?«

Ja, Andreas wollte den Kuli haben – aber Papa hatte *zuerst* damit geschrieben. In Wirklichkeit hat der Vater zwar nur zwei Kritzel damit gemacht, um zu überprüfen, ob der von Andreas gewünschte Kuli auch wirklich schreibt. Aber damit ist er Andreas zuvorgekommen. Andreas kann jetzt nicht mehr *als Erster* damit schreiben. Jetzt will er den Kuli nicht mehr. Er hatte so eine tolle, ganz eigenständige Idee – aber Papa hat sie ihm weggenommen. Papa dachte, es geht um den Kuli. Andreas ging es vor allem um seine eigene Idee.

Dass es Kleinkindern manchmal um noch etwas ganz anderes geht als das Offensichtliche, ist für viele Eltern schwer nachzuvollziehen. Auch das berühmte »Neinsagen« des Trotzalters kann direkt damit in Verbindung stehen.

Je nach Altersklasse gibt es dabei verschiedenste Variationen. Während die Kinder anfangs mit dem Wort »Nein« nur experimentieren, können sie es bereits ein wenig später durchaus wirkungsvoll einsetzen.

Wollen sie dem Geheimnis des Wortes »Nein« erst auf die Spur kommen, machen es Kinder zunächst wie Ivonne: »Nein«, sagt sie laut und deutlich und langt gleichzeitig herzhaft in das Säckchen mit den angebotenen Keksen. *Selbstverständlich* will sie die Kekse haben! Das »Nein« war für sie reiner Forschungszweck. Angebote sind dazu günstige Gelegenheiten. Erwachsene reagieren nämlich interessant auf das Wort »Nein«. Sie ziehen zum Beispiel – so wie jetzt Ivonne gegenüber – das Säckchen mit den Keksen gleich wieder weg und sagen ebenfalls »Nein?« und machen ein verwundertes Gesicht.

Einerseits ist das Wort also überaus wirkungsvoll; andererseits als *Erstes* angewandt direkt wirkungslos. Bestenfalls lachen die Eltern darüber, wenn man durch die Gegend läuft und »Nein, nein, nein« vor sich hin sagt.

Bei älteren Kleinkindern läuft das schon ein wenig anders ab. Will man eigene Ideen haben und das Recht darauf verteidigen, so ist die Verwendung des »Nein« eine sehr effektive Waffe dafür. Ich erinnere mich lebhaft an mein erstmaliges »Babysitten« als Fünfzehnjährige. Ich hatte angeboten, kurz auf ein kleines Mädchen aufzupassen. Sie muss damals knapp unter zwei Jahren gewesen sein. Ich hatte zu dieser Zeit natürlich keinerlei Ahnung vom Trotzalter und war voller freundlicher Motivation.

Unsere Unterhaltung spielte sich in etwa so ab: »Gehen wir was spielen?« »Nein.« »Magst du dir die Fische anschauen?« »Nein.« »Magst du was essen?« »Nein.« »Oder magst du lieber einen Kakao?« »Nein.« Damit war die Unterhaltung beendet.

Keine Frage, ich fand damals dieses Verhalten höchst unsympathisch und ärgerlich. Was sollte ich nur mit diesem in meinen Augen so überaus destruktiven Kind anfangen? Ich war damals froh, sie wieder ihrer Mutter retournieren zu können.

Heute weiß ich mehr. Leider konnte ich diesem kleinen Mädchen damals keine Gelegenheit geben, zu zeigen, welch »selbstständige« Ideen sie schon hatte. Vielleicht wäre die ganze Unterhaltung damals gänzlich anders abgelaufen. Was wäre gewesen, wenn ich nicht die *Erste* gewesen wäre mit all meinen gut gemeinten Angeboten und Vorschlägen? Was wäre gewesen, wenn ich diese Schachpartie mit einem Wundersatz eröffnet hätte? Zum Beispiel: »Jetzt weiß ich gar nicht, was wir zwei machen könnten …«, oder: »Was machen wir jetzt?«

Was Kinder im zweiten Lebensjahr lernen und üben wollen, das ist, eigene Entscheidungen zu finden. Diese sind sozusagen die Weiterentwicklung der Selbstwirksamkeit.

Echte eigene Entscheidungen beginnen als Idee im Kopf des Kindes. So wie bei Selbstwirksamkeit gibt es dabei eine Reihenfolge: Zuerst hat das Kind eine *Idee*, dann *tut* es etwas, dann erst tritt der geplante *Effekt* ein.

Das Faible kleiner Kinder bezüglich ihrer eigenen kleinen Entscheidungen, kann man sich in etwa vorstellen wie die Freude über den ersten Tritt in frisch gefallenen Schnee. Steigt jemand anderer, auch nur ein einziges Mal, *vorher* in den Schnee hinein, ist der gesamte Spaß auch schon verdorben. Dann kann es eben nicht mehr der Erste sein. Man ist dem Kind zuvorgekommen.

Missverständnisse sind dadurch vorprogrammiert. Was der Erwachsene als »zuvorkommend« im Sinne von höflich und aufmerksam vermerkt, ist für das Kind *zuvorkommend* im Sinne von überholt werden und verunmöglichen.

Unabsichtlich, noch vor dem Kind, in dessen Schnee zu treten, kann schnell passieren. Auch freundlichste Vorschläge und bestens gemeinte Angebote sind eben *nicht* die Idee des Kindes gewesen. Es sind die des Erwachsenen. Das gilt sowohl für Worte als auch für Handlungen.

Und wenn der Vater vorher mit dem Kuli kritzelt, hat es eine ähnliche Auswirkung. Die schöne Reihenfolge zwischen Idee und Effekt ist unterbrochen.

»Nein« sagen und prompte Missfallenskundgebungen des Kindes (falls man wieder einmal in dessen »Schnee« getreten ist) gehören zu den typischen Herausforderungen des Trotzalters.

Dem Kind in dessen eigenen Belangen ausreichend Möglichkeiten zu geben, »Erster« zu sein, ist die passende Gegenstrategie. Es gibt im Alltag unzählige Gelegenheiten dazu, die sich über die Zeit summieren. Kleine eigene Entscheidungen können bei Tisch schon sein, wann man den nächsten Bissen will oder wann man zu essen aufhört. Beim Spielen kann es sein, den Zeitpunkt selbst zu bestimmen, wann man zu welchem Spielzeug wechselt. Beim Bilderbuchanschauen, wann man die Seite umblättert und das Bild selbst zu wählen, das einem gefällt.

Eigene Ideen sind einerseits die Grundlage eigenen und selbstständigen Handelns, andererseits sind sie nicht selbstverständlich. Eigene Ideen zu haben und umzusetzen, ist für kleine Kinder mindestens so schwierig wie gehen zu lernen. Es ist auch ein ebenso langer Prozess. Ohne die Unterstützung der Eltern können sich Kinder damit schwertun.

Hatten sie schon von klein auf wenig Gelegenheit zur Selbstwirksamkeit, so können sie eigene kleine Entscheidungen auch nicht üben. Wird eigenen Ideen des Kindes wenig Raum gegeben, fällt das »Ideenhaben« schwer. Viele Kinder greifen von sich aus auf eine Zwischenlösung zurück. Sie nehmen die Ideen der Eltern – verkehren sie aber in das Gegenteil. Vielleicht gelingt es so?

Was in der Pädagogik als oppositionelles Verhalten bezeichnet wird, kann für Eltern anstrengend werden. In ausgeprägten Fällen macht das Kind dann fast prinzipiell das Gegenteil von dem, was man von ihm will. Es ist der kindliche Lösungsweg, um den Entwicklungsschritt der Verselbstständigung doch noch zu schaffen.

Manchmal gelingt auch das nicht. Was dann entstehen kann, sind Schein- und Teillösungen. Nicht das Kind selbst, sondern nur gewisse Probleme scheinen sich zu »verselbstständigen«. Es würgt zum Beispiel bei gewisser Kost, erbricht oder es bekommt Schweißausbrüche in Trennungssituationen. Nicht das Kind selbst widersetzt sich, sondern nur Teile von ihm. Die Eltern haben jetzt Verschiedenes nicht mehr unter Kontrolle. Aber auch das Kind selbst nicht.

David war fast schon drei Jahre alt und bereitete zunehmende Erziehungsprobleme. Am Telefon hatten die Eltern schon lange und genau erzählt, wie unfolgsam und unartig er gelegentlich wäre. Dann mache er geradezu das Gegenteil von dem, was man ihm sage. Ganz absichtlich. Hinzu komme ein sehr schwieriges Essverhalten. Bei Tisch verweigere er mit seinen drei Jahren die Familienkost. Er esse nur fein pürierte Gläschen. Das ist mühsam. Speziell wenn man gemeinsam ausgehen will oder in Urlaub fährt.

Natürlich wollte ich die Eltern und insbesondere David persönlich kennenlernen. Ich war schon neugierig auf ihn. Welche Spielsachen würde er sich aussuchen? Wie würde er mir gegenüber sein? Wie seinen Eltern gegenüber? Sogar Buntstifte und Papier hatte ich extra für ihn nachgefüllt.

Als David kam, hatte er seinen Schnuller im Mund und bekam von seinen Eltern einen Platz zugewiesen. Die Mutter hatte eine Tasche mit eigenem Spielzeug dabei. Sie fischte eine Art Steckspiel heraus, bei dem man nur Passendes zusammenfügen konnte, und sagte zu David: »So, das kannst du jetzt spielen.« David schien das auch wirklich zu interessieren und so unterhielt ich mich zunächst mit den Eltern. Als David Anstalten machte aufzustehen und sogar den Schnuller herausnahm, war ich voll Interesse, was er jetzt tun würde. Leider kam er gar nicht dazu. Seine Mutter war sofort wieder aufgestanden. »Spiel doch dieses Spiel, das magst du doch so gerne«, sagte sie und holte etwas anderes aus ihrer Tasche. »Das mag ich?«, fragte David. Für die nächste Zeit war er schon wieder ruhiggestellt. Als er schließlich auch an diesem Spiel das Interesse verlor, reagierte diesmal der Vater. »Wie wäre es mit dem Spiel hier, das findest du doch immer so lustig?« Der Vater stand auf und suchte aus der mitgebrachten Tasche das Spiel heraus. David befasste sich kurz damit, wurde etwas grantig und wollte jetzt bei seinem Vater sitzen. Als ich zu David etwas sagen wollte, kam mir leider sein Vater zuvor. »Was sagt die Tina im Buch immer?«, fragte er David. David sagte einen kurzen Reim. »Und was sagt die Henne dann?«, fragte die Mutter. David sagte wieder einen Reim. Danach steckte ihm der Vater wieder den Schnuller in den Mund.

In etwa ähnlich verlief die ganze Stunde. David selbst habe ich bei diesem ersten Treffen eigentlich nicht kennenlernen können. Auch das von den Eltern beklagte Verhalten zeigte David damals nicht, wohl aber die mögliche Ursache davon.

Alles, womit sich Kinder seines Alters sonst ausdrücken, war letztendlich nicht von ihm. Wohin er sich setzt. Womit er spielt. Was ihm Spaß macht. Sogar was er spricht. All das stand unter der fürsorglichen und »zuvorkommenden« Kontrolle der Eltern. Davids Verhalten war wie das einer kleinen Marionette. Zogen die Eltern an einem der Fäden, so tat David das Gewünschte. David hatte kaum Gelegenheit bei irgendetwas, was ihn selbst betraf, »der Erste« zu sein. Beide Eltern schienen sich da absolut einig.

Wie geballt so eine elterliche Einigkeit wirken kann, konnte ich in dieser Stunde für mich selbst sehr gut nachvollziehen. Auf gewisse Weise waren die Eltern ja auch *mir* zuvorgekommen. Auch meine eigenen Pläne hatten damals, so wie jene von David, keinen Platz gefunden.

Natürlich ermunterte ich in der Folge Davids Eltern, ihm mehr Raum für eigene kleine Entscheidungen zu lassen. Dass es dabei Überraschungen geben kann, zeigt die kleine Geschichte, die Davids Vater einige Wochen später erzählte:
David hatte an einem Wochenende am frühen Nachmittag bei seinem Vater wieder einmal quengelig nach Spiel und Beschäftigung verlangt. Eingedenk unseres Gesprächs hielt sein Vater sich aber mit Vorschlägen zurück. »Ja, wir können gerne etwas gemeinsam machen«, hatte er zu David gesagt. »Denke einmal nach. Was magst denn *du* machen?« David hatte sich kurz gewundert: »Ich?« »Ja, du!« David musste längere Zeit nachdenken. Dann hatte er eine Idee: »Ich möchte mir einen Schlafanzug anziehen.«

So etwas ist am frühen Nachmittag und noch dazu als Spiel natürlich eine verblüffende Antwort. Bedenkt man allerdings, dass dem fast Dreijährigen der Schlafanzug bisher abends immer nur von den Eltern angezogen *wurde*, versteht man David besser. Sich in Papas Beisein einmal selbst den Pyjama anzuziehen – und zunächst einmal diesem zu zeigen, was man schon ganz alleine kann – macht absolut Sinn. David hatte eine wirklich hervorragende Idee.

Eigene Ideen der Kinder sind wertvoll und Grundlage späteren Handelns und Denkens. In vielen Familien üben das Kinder ganz unbemerkt und wie nebenbei. Will man sie dabei unterstützen, sind Vorschläge, Aufforderungen und Angebote der Eltern aber wenig hilfreich. Trotzdem können Eltern dabei helfen.

Man kann Kinder nämlich sehr leicht auf Ideen *bringen*. Aus ihrer Sicht der »Erste« sind sie auch, wenn sie etwas nur beobachten und es danach imitieren. Gibt es dazu keine extra an sie gerichteten Hinweise, nicht einmal einen fragenden Blick, so entscheiden sie eben ganz alleine für sich, ob und wann sie selbst Ähnliches auch tun wollen.

Carls Onkel machte das auf ganz selbstverständliche Weise. Er aß ungeniert selbst seine Pizza. Carl konnte ihn dabei beobachten und hatte ausreichend Zeit, seine eigene Idee dazu zu entwickeln. Die Pizza war ja in Reichweite.

Väter sind für kleine Kinder unwiderstehliche Ideenbringer. Was immer der Vater gerade tut, bringt sie auf die Idee, es auch zu versuchen.

Papa ist anders als Mama

Eines der großen Geheimnisse des Vaters liegt darin, dass er dem Kind sowohl vertraut ist, aber dass er eben auch anders ist als die Mutter. Er ist eine andere Person und setzt schon aus diesem Grund oft andere Prioritäten. Seine erste Wahl fällt schon alleine deshalb immer wieder anders aus.

Während für das Baby in den ersten Monaten die Unterschiedlichkeit zwischen den Eltern vor allem in der Wahrnehmung liegt – es gibt einen anderen Geruch, eine andere Stimme, einen anderen Rhythmus, andere Bewegungen. So rückt für ein Baby, beginnend im zweiten Halbjahr, die Andersartigkeit des Vaters direkt ins Zentrum.

Müttern fällt diese Veränderung häufig auf: »Wenn mein Mann heimkommt, bin ich abgeschrieben«, oder: »Den ganzen Tag hängt sie nur an mir. Kaum ist Papa da, bin ich wie Luft für sie.« So manche Mutter fühlt sich jetzt fast zurückgesetzt. Sogar ein wenig Eifersucht kann sich regen. »Ich glaube, er wird ein Papa-Kind.«

Für Sorge gibt es aber gar keinen Grund. Das Kind macht sich nur auf den langen Weg Richtung »Gleichgewicht«.

Fast könnte man sagen: Zeigen Kinder so deutlich ihre neuen Entwicklungsbedürfnisse, so scheint bisher sogar alles bestens gelaufen zu sein. Das Baby ist nur dabei, zunächst den zweiten Pol zu erobern. Dort funktioniert eben einiges anders.

Indem der Vater dem Kind gegenüber Verschiedenes anders macht als die Mutter, ergibt sich für das Baby so etwas wie eine Alternative. Dazu reicht manchmal schon die veränderte Reihenfolge. Indem der Vater eine andere erste Wahl trifft (als die Mutter oder als bisher), wird ein sonst üblicher Ablauf für das Kind »anders«. Aha, es gibt also auch einen *anderen* Weg. Es gibt auch eine andere Lösung. Hat man zwei Lösungswege, entstehen für das Kind Freiraum und Entscheidungsmöglichkeit.

Was für das Kind und seine Entwicklung ganz wunderbar und notwendig ist, hat jedoch auch seine Tücken. Denn auch für Eltern eröffnet sich damit ein neuer Kosmos an Entscheidungsmöglichkeiten. Stehen ein mütterlicher Pol und ein väterlicher Pol einander gegenüber, kann es für Eltern kompliziert werden. Das kann zu Diskussionen führen. Dabei gibt es die verschiedensten Nuancen:

»Ich habe dir gesagt, dass sie das noch nicht schafft!« **Hannah** hatte gerade erst gehen gelernt und ihre ersten Schuhe bekommen. Ihr Vater wollte sie zum Einkaufen mitnehmen – und zwar unbedingt ohne Kinderwagen! Der kurze Hinweg hatte sehr lange gedauert. Auf dem Rückweg ist Hannah dann letztendlich auf Vaters Schultern gelandet. Für Hannah war das überaus lustig. Für den Vater schon etwas weniger. In Kombination mit den Einkaufstaschen war das anstrengend geworden.

Sieht man sich solche kleinen Szenen an, so haben oft beide Eltern – wie bei Hannah – auf eine gewisse Weise »recht«. Fast läuft es ab wie ein ausgemachtes Spiel zwischen den Eltern. Die Mutter hat recht mit ihrer Einschätzung und Prophezeiung. Ja, das muss der Vater im Nachhinein zugeben. Der Vater hat hingegen recht mit dem Wert, den der gesamte Ausflug für Hannah hatte. Das muss wiederum die Mutter zugeben. Hannah ist wirklich strahlend zurückgekommen.

Ähnliches spielte sich bei Ben ab.

»Du bist mit **Ben** zu den Großeltern gefahren und hast den Schnuller vergessen?!« Bens Mutter kann nur den Kopf schütteln. So etwas ist Müttern unbegreiflich. Ben ist neun Monate und braucht seinen Schnuller sogar häufig. »Wie kann man nur?« Auch Bens Vater fühlt sich etwas schuldbewusst. Ben ohne Schnuller zu beruhigen, war auch wirklich schwierig gewesen. »Oje, wir haben den Schnuller vergessen!«, war er irgendwann draufgekommen. Dann gingen die Versuche los – Essen geben, herumtragen und ablenken. Schließlich ist Ben dann im Auto – ohne Schnuller – eingeschlafen.

Während Hannah auf Vaters Schultern ausschließlich Spaß hatte, hat Ben ohne seinen Schnuller ein Problem lösen müssen. Trotzdem muss das kein »Fehler« (des Vaters) gewesen sein. Solange sich Ben bei all diesen Versuchen zumindest *ein wenig* beruhigen konnte, hat er erlebt, dass es anscheinend *Alternativen* zum Schnuller geben kann.

Hätte er das hingegen nicht erfahren, sondern nur gelitten, wäre das anders gewesen. Die Grenze zwischen *An*forderung und *Über*forderung ist fließend. Letztendlich gibt die Reaktion des Kindes Antwort darauf. Wie es dem Kind selbst dabei gegangen ist, lässt es am Ende ja auch seine eigene Schlussfolgerung daraus ziehen. Mit Papa in Zukunft lieber doch nicht mehr mitgehen zu wollen, sollte jedenfalls nicht das Ergebnis sein.

Schaut man sich genauer das Thema der kleinen Meinungsverschiedenheiten zwischen den Eltern an, so sind auch diese kein Zufall. Ob, wann, wie lange und auf welche Weise man Kinderwagen oder auch Schnuller und Ähnliches benutzt, ist ein weites Feld. Es hat direkt mit der Entwicklung der Kinder zu tun. Und natürlich – wie Eltern diese gerade einschätzen. Was Hannahs Entwicklungsalter betrifft, ist es durchaus an der Zeit, diesbezüglich die erste Wahl zu hinterfragen.

Ein gehendes Kind weiterhin, wie in der frühen Babyzeit, von vornehinein in die *nicht* gehende Position zu bringen, macht immer weniger Sinn. Es sei denn, man hat es sehr eilig.

Sobald ein Kind selbstständig laufen kann, sollte es auch Gelegenheit bekommen, diese neue Fähigkeit sinnvoll anzuwenden.

Was gibt es dann Sinnvolleres, als – ebenso wie Erwachsene – selbstständig gehend das Haus zu verlassen? Für den Fall, dass das Kind ermüdet, kann der leere Kinderwagen ja mitgeführt werden.

Finden Väter diesbezügliche Veränderungen an der Zeit, brauchen sie das aber auch nicht alleine entscheiden. Schon die Frage an das Kind: »Sollen wir den Kinderwagen, Schnuller etc. heute überhaupt mitnehmen?«, ist dazu angetan, die bisherige Weltordnung bereits Einjähriger zu erschüttern. Auch wenn das Kind das heute vielleicht doch lieber nicht ausprobiert. Eine Botschaft ist trotzdem angekommen: Papa hält so etwas zumindest für möglich!

Väter lassen sich lieber auf solche Experimente ein als Mütter. Ein bisschen Adrenalin und Improvisation kann auch Freude machen. Mütter haben solche Abenteuer meist weniger gern. Sie orientieren sich mehr am bisher Bewährten und gehen eher auf Nummer sicher. Warum sollen sie sich selbst und dem Kind etwas erschweren?

Väter und Mütter haben oft andere Sichtweisen und handeln nach anderen Prioritäten. Mit ein Grund dafür kann auch direkt am Kind selbst liegen. Kleine Kinder selbst machen oft einen Unterschied zwischen Papa und Mama. Es ist gut möglich, dass sich Ben von seiner Mutter ohne Schnuller auch nicht annähernd so beruhigen lassen hätte wie von Papa.

Ist man in einem Übergangsalter, gibt es gleichzeitig zwei Seiten. In der Zeit zwischen sieben Monaten und zwei, drei Jahren befinden sich Kinder in einem Zwischenbereich. Die Regeln der Babyzeit sind noch nicht gänzlich außer Kraft gesetzt und die Regeln der Kinderzeit noch nicht vollständig etabliert. Ganz von sich aus erwarten und verlangen Kinder in dieser Entwicklungszeit von ihrer Mama häufig anderes als von Papa. Was bei ihrem Papa willkommen sein kann, ist es unter Umständen bei Mama wiederum nicht. Es gibt sowohl das Baby als auch schon das kleine Kind. Die eine Seite zeigt man eventuell mehr Mama, die andere Seite dafür Papa.

Größter Wunsch und Ziel des Kindes ist immer, diese beiden Seiten zusammenzufügen. Denkt man an die große Suche der Kinder nach Zusammenhang und Verbindung, so gilt das natürlich in ganz besonderem Ausmaß in Bezug auf Vater und Mutter.

Für Kinder kann es eine große Hilfe sein, die Unterschiedlichkeit der Eltern direkt wortwörtlich nebeneinandergestellt zu bekommen. »Bei der Mama ist das so. Beim Papa ist das anders«, »Papa macht lieber das. Mama macht lieber jenes«, »Das mag Mama gar nicht. Papa ist das egal.« Ebenso hilfreich für das Kind ist auch das Aussprechen der Unterschiede, die es eventuell selber macht. »Bei der Mama willst du das so. Beim Papa wiederum so.« Man kann in bestem Einvernehmen und trotzdem unterschiedlich sein. Das eine schließt das andere noch lange nicht aus. Alles ergibt schließlich ein Ganzes.

Aus Muttersicht können die Unterschiede manchmal sogar beträchtlich wirken.

»Wissen Sie, was mein Mann gemacht hat, als er letztens auf das Kind hätte aufpassen sollen!? Er hat sich mit dem Zweijährigen im Fernsehen ein *Fußballmatch* angesehen!«

So etwas klingt wirklich nicht sehr altersgerecht. Unter »sich um das Kind kümmern« verstehen Mütter fast immer, sich direkt und zu zweit mit einem Kind zu befassen. Bei Vätern ist das manchmal anders. Vätern liegt der Dreiermodus. Gerne machen sie auch zu zweit – etwas Drittes. So etwas läuft dann nach anderen Regeln ab als im dialogischen Zwiegespräch.

Das genannte Fußballmatch könnte man auch ersetzen durch Sportübungen, Bastelarbeiten und sogar – Bücherlesen.

Im Rahmen einer 2017 auf ORF ausgestrahlten Dokumentation über »Orte der Kindheit« erinnerte sich der österreichische Schauspieler *Gregor Seberg* an seine frühe Kindheit zurück. Dabei sprach er auch über seinen Großvater. Seinen Schilderungen nach dürfte dieser eine wichtige Vaterfigur für ihn gewesen sein. Als eine seiner positivsten Erinnerungen beschrieb Seberg: die tägliche gemeinsame Nachmittagsruhe.

Wovon er erzählt, ist eine unauffällige, unspektakuläre Alltagssituation – im modifizierten Dreiermodus: Gregor, Opa – und eine Zeitschrift.

Während der Großvater las, lag Klein-Seberg immer angekuschelt an dessen Brust. Alles sei still gewesen. Das einzige Geräusch, das es gelegentlich gab, war das Rascheln der Seiten beim Umblättern. Seberg beschreibt dies als Situationen tiefster Ruhe und inneren Friedens. Noch Jahre später und als Erwachsener bezeichnet er diese als einige der glücklichsten Augenblicke seiner Kindheit.

Mütter und Väter haben oft unterschiedliche Sichtweisen und Haltungen und setzen andere Prioritäten. Während es vielen Eltern gelingt, diese fast spielerisch miteinander zu koordinieren und in Balance zu halten, stellt es andere (und damit auch ihr Kind) vor große Herausforderungen. Steigern sich Eltern gegenseitig – auf der Suche nach Gleichgewicht – immer weiter in eine extreme mütterliche und extreme väterliche Position hinein, kann die Familie sogar vor einer Zerreißprobe stehen. Auch Familienrichter kennen so etwas.

Schnuller oder nicht?

Ferdinand ist leicht entwicklungsverzögert und knapp über zwei Jahre alt, als er gemeinsam mit seiner Mutter bei uns aufgenommen wird. Im Laufe des letzten Jahres war der sich immer mehr aufschaukelnde Konflikt zwischen den Eltern völlig eskaliert. Die Mutter wirft dem Vater vor, das Kind nicht zu versorgen und es zu ängstigen. Der Vater wirft der Mutter vor, den Jungen zu verwöhnen und ihm damit zu schaden.

Auf der Station zeigt sich die Mutter mütterlich und liebevoll mit dem Kind. Was unpassend scheint, ist das unentwegte Schnullergeben. Trotz der Ermunterung, es doch Ferdinand zu überlassen, ob Schnuller oder nicht, fällt das der Mutter schwer. Immer wieder, auch beim Spielen und ohne jeden Anlass, bekommt Ferdinand von der Mutter den Schnuller in den Mund geschoben. In Mutters Herz und Augen ist Ferdinand noch ein kleines Baby.

Als erstmalig der Vater auf die Station zu Ferdinand zu Besuch kommt, gibt es eine kleine, aber interessante Szene. Als er von Ferdinand, wieder einmal mit Schnuller im Mund, freudig begrüßt wird, ist der Vater fast empört. Noch vor der Begrüßung und ansatzlos zieht er Ferdinand den Schnuller aus dem Mund. »Nein, Schnuller brauchst du wirklich keinen mehr!«, und steckt das Ding in seine Jackentasche.

Ferdinand hat ein Problem. Einerseits sind Unterschiedlichkeiten zwischen Vater und Mutter zwar der Motor zur Weiterentwicklung. Andererseits gilt das aber nur, wenn das Kind diese Unterschiedlichkeiten auch miteinander verbinden und in Einklang bringen kann.
Was seinen Eltern untereinander nicht gelingt, wird Ferdinand nicht lösen können. Aus seiner Sicht scheinen sie sich aber zumindest in einer Hinsicht einig: In Bezug auf Schnuller hat er nichts mitzureden. Die Mutter steckt ihm den Schnuller in den Mund, auch wenn er nicht danach verlangt. Genauso nimmt der Vater ihm den Schnuller einfach weg, ohne zuvor zu fragen. Eigentlich behandeln beide Eltern Ferdinand wie ein sehr kleines hilfloses Baby.
Aus Ferdinands Sicht treffen seine Eltern bezüglich Schnuller beide die gleiche erste Wahl. Sind sich beide Eltern solchermaßen einig, tritt Punkt A ein. Und der heißt für Kleinkinder: So ist das eben. Ferdinand protestiert weder bei der Mutter noch beim Vater. Er lässt sich den Schnuller in den Mund stecken und ebenso ohne Reaktion auch wieder wegnehmen. Beide Eltern zeigen ihm, er ist noch ein Baby. Da kann sich die Entwicklung dann schon verzögern.

In der Hinsicht ein guter Tipp für Väter: Ist ein Kind in den Augen des Vaters für etwas groß genug, dann ist es genauso auch schon groß genug, dazu befragt zu werden.

Das war auch für Ferdinand ein Lösungsweg. Als sein Vater sich angewöhnte zu fragen: »Den Schnuller brauchst du doch jetzt nicht?«, die Hand aufzuhalten und abzuwarten, ob das Kind den Schnuller selbst dort hineinlegte, war das auch für Ferdinand ein Startsignal. Nachdem er bei Papa gelernt hatte, dass er selbst darüber entscheiden konnte, tat er dies auch Mama gegenüber.

Das blieb wiederum für die Mutter nicht ohne Folge. Nachdem Ferdinand ihr immer häufiger den Schnuller retournierte, war das Thema irgendwann auch für sie vom Tisch.

Schnuller eignen sich ganz gut, um die Unterschiedlichkeit zwischen der väterlichen und der mütterlichen Sichtweise nebeneinanderzustellen. Einerseits brauchen Babys nicht zwingend einen

Schnuller, andererseits steht Säuglingen und Kleinkindern das Saugen am Schnuller prinzipiell durchaus zu. Es gibt wieder einmal zwei Seiten. So wie auch Stillen wird der Schnuller oft als Ersatz für etwas anderes verwendet. Statt kuscheln, spielen, laufen, essen, sprechen oder anderes wird stattdessen der Schnuller eingesetzt.

Unter Kinderärzten hält sich die Empfehlung, den Schnuller wie ein Medikament zu sehen. Ein solches hat eben immer auch Nebenwirkungen. Die Verabreichung soll so kurz wie möglich erfolgen und nur, wenn es wirklich gebraucht wird. Schnuller nein, wenn man ihn nicht wirklich braucht. Insbesondere beim Spielen und Herumlaufen braucht kein Kind einen Schnuller.

Die Grenze zwischen echtem Bedarf und reiner Gewohnheit ist wieder einmal fließend. Entscheidend dafür ist meist die Erwartungshaltung der Eltern. Vor allem, wie das Thema vom Vater aus gesehen und gehandhabt wird, hat für das Baby große Bedeutung. Bekommt man als Einjähriger auch von Papa den Schnuller noch an die Kleidung geheftet oder ungefragt in den Mund gesteckt, so gleicht das eigentlich einem richtungsweisenden Statement. Es bedeutet, auch Papa traut einem nicht zu, dass man ohne Schnuller zurechtkommen könnte. So etwas zeigt bei Kindern Wirkung.

Ferdinands Vater nahm mit seiner Abneigung gegen den Schnuller also eine durchaus passende väterliche Position ein. Inhaltlich hatte er recht. Aber auch die Mutter hatte recht. Ferdinand einfach den Schnuller wegzunehmen oder vorzuenthalten war (nicht nur für sie) keine akzeptable Lösung.

Entscheidungen über das Kind – die gemeinsame Schatzkarte

Das Phänomen, dass beide Eltern trotz unterschiedlicher Sichtweise auf eine gewisse Weise recht haben können, gibt es auch in ganz anderen Zusammenhängen. Geradezu typisch betrifft es zum Beispiel Sorgen um den Gesundheitszustand des Kindes. »Ich habe Angst, dass bei meinem Kind etwas nicht in Ordnung ist«, sagt die Mutter und wünscht eine Durchuntersuchung. Nicht selten handelt es sich dabei um nicht genau fassbare Anzeichen und Symptome. Der Vater meint dazu: »Ich finde, meine Frau übertreibt. Das Kind ist für mich kerngesund!«

Was der Vater als vermeintliche Beruhigung versteht, kann bei der Partnerin die gegenteilige Wirkung haben. Manchmal heizen solche »Beschwichtigungen« die Ängste einer Mutter geradezu an. Macht sich der Vater keine Sorgen, muss sich die Mutter sozusagen doppelte machen. Die Aufgabe, drohendes Unheil zu verhindern, scheint jetzt ganz alleine nur auf ihr zu lasten.

Sieht man sich solche Fälle rückblickend dann an, haben meist wieder einmal beide Eltern auf eine gewisse Weise recht gehabt. *Etwas* war wirklich nicht in Ordnung gewesen. Auf das feine mütterliche Warnsystem ist Verlass. Nicht immer muss es aber eine bedrohliche Erkrankung gewesen sein. Manchmal stößt man auch auf alte Wunden, schwelende, nie angesprochene Konflikte oder familiäre Fehlentwicklungen. Auf Dauer hätten sie das Kind vielleicht wirklich, eventuell sogar den Zusammenhalt der Familie gefährdet. Was die Einschätzung der aktuellen Gesundheit des Kindes betrifft, liegen die Väter hingegen oft richtig. Manchmal waren es harmlose Infekte, nicht selten war das Kind auch wirklich körperlich kerngesund.

Gelegentlich scheinen mütterliche und väterliche Strategien ziemlich unvereinbar. Mütter wünschen sich als Entlastung einen Ersatz für sich selbst. Väter sehen das nicht immer ein.

»Die Männer machen es sich aber schon auch leicht!« Die Mutter, die das sagte, ist berufstätig und hat drei Kinder im Alter zwischen drei und zehn. »Ich würde zum Beispiel am Wochenende auch gerne einmal ausschlafen. Aber mein Mann weigert sich, das Frühstück zu machen. Wissen Sie, was er sagt? *Ich kann ja auch liegen bleiben, so wie er!* Wie soll ich liegen bleiben? Die Kinder sind doch hungrig!«

Was Müttern oft sonnenklar als einzig denkbar logischer Weg erscheint, ist es für viele Väter nicht. Aus deren Sicht – fast ebenso sonnenklar – gäbe es noch ganz andere Möglichkeiten. Vätern schweben zuweilen sogar grundverschiedene Lösungen vor.

Sich auf solche väterlichen Lösungsvarianten einzulassen, kann Sinn und sogar Spaß machen. Alle können davon profitieren, vorausgesetzt der mütterliche Blickwinkel findet dabei auch seinen Platz.

Im obigen Fall war die Lösung zum Beispiel, dem Vater das Projekt »Wächter des elterlichen Wochenendschlafes« zu überantworten. Er organisierte, besprach und plante gemeinsam mit den Kindern den neuen Wochenendablauf. Gibt es Ideen der Kinder, wie sie den Morgen selbst gestalten können? Eventuell ein abends vorbereitetes Frühstücksbuffet? Rangordnung der Kinder untereinander? Und natürlich ein Plan für den »Katastrophenfall«. Kindern im Alter zwischen drei und zehn kann man durchaus schon zumuten, sich zu Hause ein Stück selbst zurechtzufinden.

Wo Eltern unterschiedliche Sichtweisen haben, liegt im Grunde ein großer Schatz verborgen. Das gilt insbesondere für Entscheidungen, die Eltern über das Kind oder das Kind selbst betreffend, finden müssen. Diskussionen, wer von beiden grundsätzlich recht hat oder wer sich mit seiner Meinung besser durchsetzt, sind hier wenig sinnvoll und nicht hilfreich.

Bedenkt man, dass jeder der Eltern eigentlich eine Seite des Kindes vertritt, so gibt es eine Meinung aus Sicht der Mutter und eine Meinung aus Sicht des Vaters. Jeder hat jeweils allerdings nur *einen* Teil der Schatzkarte.

Nimmt man die Spielregeln des ersten Jahres dazu, so könnte man noch anmerken, dass im ersten Halbjahr eventuell die Schatzkarte der Mutter und im zweiten Halbjahr die des Vaters etwas größer ist. Danach sind sie gleich.

Um den Schatz zu finden, muss man die beiden Teile der Schatzkarte passend zusammenfügen. Die hilfreiche Frage lautet: »Wie siehst du das *als Vater*?«, »Wie siehst du das *als Mutter*?« So eröffnet sich für jeden ein anderer Blickwinkel.

Auch sich selbst und einander können Eltern die Wunderfrage stellen: »Was machen wir da?« Manchmal reicht es schon, Kleinigkeiten abzuändern, um gemeinsame Lösungen zu finden. Könnte man nähere Umstände wie Dauer oder Zeitpunkte verändern? Gibt es begleitende Maßnahmen, die dem anderen annehmbar erscheinen? Unter welchen Voraussetzungen wird etwas für beide Elternteile akzeptabel?

Was sich Eltern solchermaßen aushandeln, trifft meiner Erfahrung nach erstaunlich oft und exakt, was dem Kind wirklich guttut.

Und das ist ja genau das, was sowohl Vater als auch Mutter wollen.

Schluss

Auch Familien müssen sich erst entwickeln. Wie Entwicklung ganz allgemein vor sich geht, kann man sich direkt beim Baby abschauen. Alle Fähigkeiten sind da schon angelegt. Aktiviert werden sie dann erst Schritt für Schritt. Das eine bildet die Grundlage des nächsten, greift ineinander. Alles ist zeitlich wohlkoordiniert und durchaus logisch. Alles findet seinen Platz.

Mit ihrer Einwirkung auf solche Schritte nehmen Väter nachhaltig Einfluss auf ihr Kind und auf den Kurs der gesamten Familie. Zu Beginn sind sie die »anderen« und sie verändern. Sie ermuntern ihre Kinder, sich aus dem sicheren Hafen zu wagen und Grenzen zu überschreiten. Väter geben ihren Kindern Mut, Zuversicht und den Glauben an sich selbst. In ihnen wurzelt die Kraft, sich Problemen zu stellen und sich nicht unterkriegen zu lassen.

Väter sind unverzichtbarer Teil der frühen Kindheit und diese gleicht einem aufregenden Abenteuerroman. Es geht um Vertrauen, Rechte des Einzelnen und Gruppenregeln. Es geht um vergangene Wunden, um territoriale Anrechte, um Liebe, Kreativität, Loyalität, Krieg und Frieden. Wie löst man Konflikte?

Zu glauben, dass es eben »nur« um kleine Kinder geht und um die »kleine« Welt, ist ein Irrtum. Was wir in der frühesten Kindheit lernen, kann letztendlich zu Kultur werden, zu Grundkonsens, vielleicht sogar zu nationalen Eigenheiten. Wir alle haben sie erlebt und gemeinsam mit unseren Kindern durchleben wir sie wieder – die frühe Kindheit ist eine der wenigen authentischen Informationsquellen über uns selbst.

Dank

Bedanken möchte ich mich nicht nur bei den jungen Vätern der ORF-Redaktion Thema, sondern auch bei anderen Vaterfiguren (egal welchen Geschlechtes), die Wegbereiter dieses Buches waren. Das ist Hans Zimprich, der die Säuglingspsychosomatik WSP 1992 überhaupt erst gegründet hat. Thomas Frischer, der als nachfolgender Klinikvorstand, und Margarete Maurer, die als Oberschwester meine dortige Arbeit immer unterstützt haben. Danke an die Psychologinnen Christine Sonn-Rankl und Veronika Strunz und meinen Kolleginnen und nunmehrigen Nachfolgerinnen Susanne Meznik, Astrid Ladurner-Mittnik und Irene Klinger-Pannhofer. Mit allen war es mir eine Freude zusammenzuarbeiten. Danke auch meiner Lektorin Cordula Borawski, die so kluge Fragen stellt.

Mein ganz besonderer Dank gilt dem so wunderbaren Pflegeteam unserer säuglingspsychosomatischen Station. Ohne dieses wäre vieles gar nicht möglich gewesen. Es sind dies Herta Krenn die Stationsschwester, Helena Brosova, Erna Brunmüller, Nadja Demus, Jana Drengubiakova, Elisabeth Feyerl, Agnes Gödel, Michaela Gratsch, Ingrid Hmizakova, Anna Martin, Cornelia Mayrhofer, Maria Malina-Schobesberger, Tanja Rak, Klara Schiefer und unsere Stationssekretärin Tanja Seif.

Bedanken möchte ich mich insbesondere bei all jenen Familien – Vätern, Müttern und Kindern –, von denen ich im Rahmen meiner fast fünfundzwanzigjährigen Tätigkeit auf der Säuglingspsychosomatik so viel lernen durfte.

Literatur

Ahnert, L.: Wieviel Mutter braucht ein Kind? Spektrum, Heidelberg 2010.

Ainsworth, M.: Patterns of Attachment. A psychological study of the Strange Situation. Erlbaum, Hillsdale 1978.

Badinter, E.: Die Mutterliebe. Geschichte eines Gefühls vom 17. Jahrhundert bis heute. Piper, München 1999.

Barrera, M. / Maurer, D.: »The perception of facial expressions by three-month-old"«. *Child Development 52 (1)*, 1981, S. 203–206.

Bell, S. / Ainsworth, M.: »Infant crying and maternal responsiveness"«. *Child Development 43 (4)*, 1972, S. 1171–1190.

Bower, T.: Die Wahrnehmungswelt des Kindes. Klett-Cotta, Stuttgart 1978.

Bowlby, J.: »Über das Wesen der Mutter-Kind-Bindung«. *Psyche 13*, 1959, S. 415–456.

Bowlby, J.: Elternbindung und Persönlichkeitsentwicklung. Dexter Verlag, Heidelberg 1996.

Bowlby, J.: Das Glück und die Trauer. Herstellung und Lösung affektiver Bindung. 5. Aufl. Klett-Cotta, Stuttgart 2011.

Brazelton, T. / Cramer B.: Die frühe Bindung. Klett-Cotta, Stuttgart 1991.

Brisch, K. H. : Bindungsstörungen: Von der Bindungstheorie zur Therapie. 15. Aufl. Klett-Cotta, Stuttgart 2018.

Dornes, M.: Der kompetente Säugling. Die präverbale Entwicklung des Menschen. Fischer, Frankfurt am Main 1993.

Dornes, M.: Die frühe Kindheit. Entwicklungspsychologie der ersten Lebensjahre. Fischer, Frankfurt am Main 1997.

Dornes, M.: Die emotionale Welt des Kindes. Fischer, Frankfurt am Main 2000.

Fonagy, P.: Bindungstheorie und Psychoanalyse. 4. Aufl. Klett-Cotta, Stuttgart 2018.

Fraiberg, S. / Adelson E. / Shapiro V.: »Ghosts in the nursery: A psycho-analytic approach to impaired infant-mother relationships«. *Journal of the American Academy of Child Psychiatry 14*, 1975, S. 387–422.

Gopnik, A. / Kuhl, P. / Meltzoff A.: Forschergeist in Windeln: Wie Ihr Kind die Welt begreift. Piper, München 2005.

Grossmann, K. E. / Grossmann, K. et al.: Väter und ihre Kinder – Die »andere« Bindung und ihre längsschnittliche Bedeutung für die Bindungsentwicklung, das Selbstvertrauen und die soziale Entwicklung des Kindes. In: Steinhardt, K. / Datler, W. / Gstach, J. (Hg.), Die Bedeutung des Vaters in der frühen Kindheit, Psychosozial-Verlag, Gießen 2002, S. 43–72.

Grossmann, K. E. / Grossmann, K.: Bindung und menschliche Entwicklung: John Bowlby, Mary Ainsworth und die Grundlagen der Bindungstheorie. 5. Aufl. Klett-Cotta, Stuttgart 2015.

Hilt, I.: »Ihr müsst die Beziehungen in Ordnung bringen, dann geht es dem Individuum auch wieder gut« (John Bowlby). Interview mit Prof. Klaus Grossmann und Dr. Karin Grossmann zum Thema Bindungen und wie sich diese auf die psychische Sicherheit auswirken. In: *Aktion Kontakte 2/2014*. Magazin der Katholischen Jugendfürsorge der Diözese Regensburg e. V. https://www.kjf-regensburg.de/documents/10502/146634/Interview_Grossmann.pdf/ec711c2d-91b3–4598–9382-eec17dfee9f7 [Zugriff: 11.7.2018].

Holmes, J.: John Bowlby und die Bindungstheorie. Reinhardt, München 2002.

Horn, G.: Kindheit und Phantasie. Entwicklungsphasen im Spiegel innerer Bilder. Lengerich, Pabst Science Publishers 1998.

Jaffe, J. et al.: Rhythms of dialogue in infancy: Coordinated timing in development. Wiley-Blackwell, Hoboken N. J. 2001.

Kindler, H. / Grossmann K.: Vater-Kind-Bindung und die Rolle der Väter in den ersten Lebensjahren ihrer Kinder. Reinhardt, München 2004.

Klaus, M. / Kennel, J.: Mutter-Kind-Bindung: über die Folgen einer frühen Trennung. dtv, München 1996.

Lichtenberg, J. D.: Psychoanalyse und Säuglingsforschung. Springer, Berlin/Heidelberg 1991.

Lipsitt, L. P.: »The study of sensory and learning processes of the newborn"«. *Clinical Perinatology 4 (1)*, 1977, S. 163–186.

MacFarlane, J.: Olfaction in the development of social preferences in the human Neonate. In: Porter, R. / O'Connor, M. (Hg.), Parent-Infant Interaction (Ciba Foundation Symposium 33). Elsevier, New York 1975, S. 103–117.

Mahler, M. / Pine, F.: Die psychische Geburt des Menschen: Symbiose und Individuation. Fischer, Frankfurt am Main 2008.

Main, M.: Bindung im Erwachsenenalter. Handbuch für Forschung und Praxis. Huber, Bern 2001.

Mauch, U.: »Wie wir besser miteinander auskommen können«. Interview mit Wolfgang Dietrich von Uwe Mauch (Autor). In: kurier.at, 8.7.2017, https://kurier.at/politik/inland/wahl/plan-k/plan-k-konfliktforscher-erlaeutert-wie-wir-besser-miteinander-auskommen-koennen/273.844.921 [Zugriff: 11.7.2018].

Meltzoff, A. N. / Moore, M.: »Imitation of facial and manual gestures by human Neonates"«. *Science 198*, 1977, S. 75–78.

Papousek, H. / Papousek, M.: Intuitive Parenting: A Dialectic Counterpart to the Infant's Integrative Competence. In: Doninger Osofski, J. (Hg.), Handbook of Infant Development. Wiley, New York u. a. 1987, S. 669–720.

Papousek, M.: Vom ersten Schrei zum ersten Wort. Anfänge der Sprachentwicklung in der vorsprachlichen Kommunikation. Hans Huber, Bern 2008.

Petri, H.: Das Drama der Vaterentbehrung. Reinhardt, München 2009.

Piaget, J.: Intelligenz und Affektivität in der Entwicklung des Kindes. Suhrkamp, Frankfurt am Main 1995.

Rankl, Ch.: Der interaktionelle Ansatz in der Säuglingsdiagnostik am Beispiel der Fütterungs- und nicht organischen Gedeihstörung. Unv. Diss. Univ. Wien 1996.

Sameroff, A. J. / Emde, R. N.: Relationship disturbances in early childhood. Basic Books, New York 1989.

Schwarz-Gerö, J.: Schadensbegrenzung im Wochenbett. In: Zimprich, H. (Hg.), Kinderpsychosomatik. Thieme, Stuttgart 1995, S. 100–108.
Schwarz-Gerö, J.: »Psychosomatik in der Pädiatrie«. *Psychologie in der Medizin*, 6. Jg. Nr. 1, 1995, S. 30–33.
Schwarz-Gerö, J.: Postpartale Depression und Säuglingspsychosomatik – Interaktion und Therapie. In: Wimmer-Puchinger, B. / Riecher-Rössler, A. (Hg.), Postpartale Depression, von der Forschung zur Praxis. Springer, Wien 2006, S. 127–139.
Schwarz-Gerö, J.: Baby, warum isst du nicht? 3. Aufl. Patmos, Ostfildern 2017.
Siqueland, E. R. / Lipsitt, L.: »Conditioned head-turning behaviour in newborns«. *Journal of Experimental Child Psychology 4*, 1966, S. 456–376.
Snow, C.: »Mother's speech to children learning language"«. *Child Development 43 (2)*, 1972, S. 549–565.
Stern, D.: Die Lebenserfahrung des Säuglings. 11. Aufl. Klett-Cotta, Stuttgart 2016.
Stern, D.: Mutter und Kind: Die erste Beziehung. 5. Aufl. Klett-Cotta, Stuttgart 2000.
Stone, J. / Smith, H. / Murphy, L.: The Competent Infant. Basic Books, New York 1973.
Thiel, Th.: Film und Videotechnik in der Psychologie. Eine Entwicklungsgeschichte aus erkenntnistheoretisch-methodischer Perspektive. In: Keller, H. / Rümmele, A. (Hg.), Handbuch der Kleinkindforschung, 4., vollständig überarb. Auflage. Hans Huber, Bern 1997, S. 792–819.
Thomas, A. / Chess, St.: Temperament and Development. Brunner/Mazel, New York 1977.
Tronick, E. et al: »The infant's response to entrapment between Contradictory messages in face-to-face interaction"«. *Journal of the American Academy of Child Psychiatry 17 (1)*, 1978, S. 1–13.
Tronick, E. / Cohn, J.: »Infant-mother face-to-face interactions: Age and gender differences in coordination and the occurrence of miscoordination"«. *Child Development 60 (1)*, 1989, S. 85–92.
Tronick, E. et al.: »Dyadically expanded states of consciousness and the process of therapeutic change"«. *Infant Mental Health 19 (3)*, 1998, S. 290–299.
Tyson, P. / Tyson, R.: Lehrbuch der psychoanalytischen Entwicklungspsychologie. Kohlhammer, Stuttgart 2001.
Winnicott, D. W.: Vom Spiel zur Kreativität. 14. Aufl. Klett-Cotta, Stuttgart 2015.
Winnicott, D. W.: Von der Kinderheilkunde zur Psychoanalyse. Psychosozial-Verlag, Gießen 2018.
Zimprich, H. (Hg.): Kinderpsychosomatik. Thieme, Stuttgart 1995.
Zollinger, B.: Spracherwerbsstörungen: Grundlagen zur Früherfassung und Frühtherapie. Haupt, Bern 2008.